핵심 주제

예배 대표 기도문

핵심 주제 예배 대표 기도문

1쇄 발행일 2014년 4월 23일
3쇄 발행일 2017년 7월 23일

지은이 한치호
펴낸이 한치호
펴낸곳 종려가지
등록 제311-2014-000013호.(2014. 3. 20)
주소 서울특별시 은평구 은평로 14길, 9-5
　　 전화 02. 359. 9657
디자인 표지 이순옥
디자인 본문 구본일
제작 어시스트 강진오
제작대행 세줄기획(이명수)
　　 전화 02. 2265. 3749
영업(총판) 일오삼(민태근)
　　 전화 02 964. 6993, 팩스: 02. 2208. 0153

값 10,000 원　　　ISBN 979-11-952561-4-3　03230

ⓒ 2014, 종려가지

잘못 만들어진 책은 구입하신 서점에서 바꾸어 드립니다.
책의 주문 및 영업에 대한 문의는 영업대행으로 해주십시오.
문서사역에 대한 질문은 010. 3738. 5307로 해주십시오.

핵심 주제
예배 대표 기도문

한치호 목사 첨삭

문서사역
|종|려|가|지|

| 머리말 |

  보다 부담이 적고, 언제라도 간편하게 한 편의 기도를 준비하도록 도와줄 수 있어야 할 것이라는 명제 아래에서 기도문을 정리하게 되었다. 가벼운 책, 복잡하지 않은 분량, 그리고 한 편의 기도를 준비할 수 있다면 다음의 간구는 누구나 스스로 기도문을 작성할 수 있도록 제시해주는 - 그래서 기도의 원칙이 명료한 기도문 - 내용으로 예배 대표 기도문을 첨삭하게 되었다.

  첨삭, 문자 그대로 이미 작성된 내용을 다듬어 고쳤다는 것이다. 지금까지 필자가 간구했던 내용의 것들과 책으로 묶어서 출판되었던 기도문 등에서 통찰을 받아서 작성하게 되었다.

  우리가 일반적으로 대예배라 부르는 주일 낮 예배, 주일 밤(오후) 예배, 수요일 밤 예배의 순서로 구별해서 52주 분량의 기도문을 엮었다.

  그리고 특별하게 드려지는 예배에서 하나를 골라 헌신예배의 기도문을 더하게 되었다.

  혹시, 이 책의 한 페이지에서 만족할 만한 기도문을 찾으셨다면, 그 다음에는 자기 자신을 기도자로 하나님께 드리시기를 권면한다.

2014년 봄에, 한치호 목사

|차례|

머리말 ·· 4

1월 예배 대표 기도문 ················ 6
2월 예배 대표 기도문 ················ 22
3월 예배 대표 기도문 ············· 38

4월 예배 대표 기도문 ················ 58
5월 예배 대표 기도문 ················ 74
6월 예배 대표 기도문 ················ 90

7월 예배 대표 기도문 ············· 110
8월 예배 대표 기도문 ············· 126
9월 예배 대표 기도문 ············· 146

10월 예배 대표 기도문 ········ 162
11월 예배 대표 기도문 ········ 178
12월 예배 대표 기도문 ········ 198

1월 1주 ‖ 신년주일 - 결심의 달

주일 낮(대) 예배
기도를 인도해주는 말씀 _ 엡 4:23 - 24

오직 너희의 심령이 새롭게 되어 하나님을 따라
의와 진리의 거룩함으로 지으심을 받은 새 사람을 입으라

심령을 새롭게 해주시는 하나님,

예배의 시작 | 새해를 맞이하게 하셨음을 묵상하면서 감사드립니다. 올해의 삶을 살라하시면서 소망을 주시는 하나님을 바라보게 하시옵소서. 예배하러 나온 지체들을 구속해주심은 죄에서 떠나 하나님께 영광을 드리는 삶을 살라하심임을 믿습니다.

뉘우침과 회개 | 배우고 확신한 일에 거하여 지냈어야 마땅한데, 그렇게 하지 못한 지난 시간들을 회개합니다. 성경을 읽고, 묵상함으로써 구원에 이르는 지혜를 구해야 하는데 게을렀음을 용서해주시옵소서. 하나님의 말씀만이 저희를 죄로부터 떠나게 하심을 다시금 확신하게 하시옵소서.

오늘의 간구 | 하나님께서 저희를 사랑하사 새날을 주셨으니, 작년의 실패했던 시간들에 매이지 않고, 위로부터 베풀어지는 복

을 얻기 위하여 은혜의 보좌로 나아가게 하시옵소서. 진실로 바라기는 지금까지의 모든 죄를 예수 그리스도의 피로 씻음을 받고, 깨끗한 마음으로 출발하기 원합니다.

하나님 아버지,

말씀의 은혜 | 저희들에게 하나님의 말씀을 들을 귀를 열어 주시옵소서. 이 백성을 위하여 진리의 말씀을 준비해주신 은혜에 감사드립니다. 목사님께서 말씀을 전하실 때, 두려워하는 마음으로 듣게 하시옵소서. 생명의 말씀으로 영이 새로워지고, 새 힘을 얻게 하시옵소서.

사역을 위한 중보 | 이 한 시간의 예배를 위하여 여호와께 존귀한 종들을 세우셨습니다. 사회자, 성가대원들, 예배 안내자들, 헌금 위원들 모두에게 새로움의 은혜를 내려 주시옵소서. 예배를 위해 부름을 받은 사역자들이 본이 되게 하시옵소서.

공동체를 위한 중보 | 지금, 사랑하는 ○○의 가족들에게 건강의 은혜를 주시기 원합니다. 질병의 그늘 아래에서 고통 가운데 있는 이들에게 주님의 얼굴을 향하여 주시옵소서.

저희들에게 하나님의 말씀으로 위로를 받게 하시옵소서. 지체들의 형편과 처지에 따라 하나님께서 만나주시옵소서.

예수님의 이름으로 기도드립니다. 아멘.

주일 밤(찬양) 예배
기도를 인도해주는 말씀 _ 고전 15:49

새 해, 새 주일을 주신 하나님,
사람의 걸음을 정하시고, 인도해 주심에 찬송합니다. 신년주일을 거룩하게 지키고, 이 시간에 다시 모였습니다. 새해에는 새롭게 살아가기를 ○○의 지체들이 하나님 앞에서 다짐하게 하시옵소서.
하나님을 사랑해서보다는 거의 습관이 되어버린 주일을 지키는 행위를 고백합니다. 형식적이며, 종교적인 습관만 남아있음을 용서해주시옵소서. 오늘, 새해를 시작하는 첫 주일에 행위와 형식을 벗어내게 하시고, 영과 진리로 새롭게 해주시옵소서.
목사님께 성령으로 감동해주시고, 준비해주신 말씀으로 하나님의 뜻이 온전히 선포되기 원합니다. 그 말씀으로 저희들을 향한 주님의 뜻이 무엇인지 분별하여 새로워지게 하시옵소서.
십자가를 통해서 주님을 알고, 믿게 되었으니 그 십자가의 신앙으로 영광을 드리게 하시옵소서. 주님의 십자가 아래에서 하나님 중심, 말씀 중심, 교회 중심적 생활을 힘쓰게 하시옵소서.
예수님의 이름으로 기도드립니다. 아멘.

수요일 밤 예배
기도를 인도해주는 말씀 _ 딤후 2:11

새해를 주신 하나님,

오늘, ○○의 지체들이 여호와께 첫 삼일 예배로 모이게 하셨음에 감사드립니다. 저희들에게 새해를 주셨으니, 새 사람의 심정으로 예배하게 하시옵소서. 새로운 예배가 되기를 빕니다.

새해를 맞이하면서 묵은 죄를 고백합니다. 해가 바뀌는 분주함으로 말미암아 저희들 자신을 돌아보지 못한 죄를 회개할 때, 용서해 주시옵소서.

저희들이 이 달에는 주님과 함께 하기를 소원합니다. 생각과 마음으로 하나님을 주목하게 하시옵소서. 그리하여 말이나 행동에서 하나님과 동행하는 삶이 되도록 이끌어 주시옵소서. 하나님의 뜻이 곧 저희들의 뜻이 되어서 살아가게 하시옵소서.

이제, 하나님께서 말씀으로 저희를 새롭게 하심을 믿고, 목사님의 설교에 마음을 내려놓게 하시옵소서. 듣는 귀와 보는 눈을 열게 하셔서 주님의 말씀으로 깨달음을 얻게 하시옵소서. 이로써 하나님의 일을 성취하시는 은혜를 보기 원합니다.

예수님의 이름으로 기도드립니다. 아멘.

1월 2주 ‖ 결심의 달

주일 낮(대) 예배
기도를 인도해주는 말씀 _ 대하 2:1

솔로몬이 여호와의 이름을 위하여 성전을 건축하고
자기 왕위를 위하여 궁궐 건축하기를 결심하니라

영과 진리로 예배하게 하시는 하나님,

예배의 시작 | 이 거룩한 날에, 저희들을 불러주셨으니 영과 진리로 예배하게 하시옵소서. 저희를 죄 가운데서 구속하신 주님의 은혜에 감사하며 나아왔습니다. 죄를 용서해 주시고, 아버지라 부르게 하신 하나님께 예배드리기 위해서 모였습니다. 예배하는 한 시간 동안에, 저희들의 가슴을 벅차게 하시옵소서.

뉘우침과 회개 | 주님께서는 저희들에게 모든 사람으로 더불어 화평함과 거룩함을 좇으라 하셨으나 순종하지 못했음을 기억합니다. 자신이 하나님 은혜에 이르지 못하는가를 돌아보는 데도 예민하지 못한 죄를 용서해 주시옵소서. 쓴 뿌리가 나서 괴롭게 하는 데도 기도하지 못한 죄를 용서해주시옵소서.

오늘의 간구 | 저희들의 모든 죄를 주님께 자복하고 회개하오니 주

님의 보혈로 깨끗함을 받게 해 주심을 빕니다. 여호와께서 복을 주시는 날에 하나님의 전을 찾게 하셨음에 감사드립니다. 존귀한 자녀들이 성전에 모였으니, 어린아이에서 노인들에 이르기까지 ○○ 교회의 지체들이 기뻐하고 즐거워하게 하시옵소서.

하나님 아버지,

말씀의 은혜 | 주님의 음성이 그리워 다시 예배당을 찾은 성도들에게 진리의 은혜로 풍성하게 하시옵소서. 말씀으로 여호와의 만져주심을 경험하게 하시옵소서. 목사님께서 저희들을 위하여 설교 준비를 하시고 성령님의 감동하심으로 말씀을 베푸시도록 하시옵소서.

공동체를 위한 중보 | 지금, "너의 상처로부터 새 살이 돋아나게 하여 너를 고쳐 주리라"는 말씀의 은혜를 기다립니다. 저들의 상한 감정을 어루만져 주시고 위로하여 주셔서, 참된 평안으로 인도해 주시옵소서.

이 시간에, 사람의 힘으로 풀려지지 않는 문제들이 해결되는 복을 받게 하시옵소서. 나아가 무시로 기도하는 것들이 응답되어서 범사에 형통함을 보는 은혜를 내려 주시옵소서.

예수님의 이름으로 기도드립니다. 아멘.

주일 밤(찬양) 예배
기도를 인도해주는 말씀 _ 마 7:21

찬양 중에 계시는 하나님,

찬양으로 예배를 시작한 ○○의의 가족들에게 신령과 진정으로 예배하게 하시옵소서. 오직 자신이 하나님께 열납되기를 소원하며 머리를 숙인 권속들을 산 제물로 받으시옵소서.

주님의 삶을 묵상하지 못하고 자신의 생각과 일에 분주했음을 회개합니다. 여호와의 넉넉하심으로 용서해주시옵소서. 하나님을 영화롭게 해드리는 것보다, 자신의 즐거움과 이로움에 될 것에 생각을 몰두하고 지낸 죄를 보혈로 씻어 주시옵소서.

목사님을 강단에 세워주심에 감사드립니다. 연약한 영혼을 위해서 생명의 말씀을 준비하게 하셨으니 정말로 감사합니다. 그 말씀으로 영혼의 양식을 삼게 하시옵소서.

"오직 심령으로 새롭게 되어 하나님을 따라 의와 진리의 거룩함으로 지으심을 받은 새 사람을 입으라"는 약속의 말씀으로 살도록 도와주시옵소서. 올해는 ○○ 교회의 지체들 모두가 신령한 복을 받아 범사가 잘 되고, 강건케 하시옵소서.

예수님의 이름으로 기도드립니다. 아멘.

수요일 밤 예배
기도를 인도해주는 말씀 _ 고후 5:8

한 해를 살게 하시는 하나님,

여호와의 이름을 높이는 ○○의 지체들 모두에게 일어나 빛을 드러내는 삶에 대한 도전을 하게 하시옵소서. 기도회로 모인 이 밤에, 금년의 시간을 하나님 앞에서 준비하게 하시옵소서.

이 시간에, 지은 죄를 회개할 때 용서해주시옵소서. 숨겨두었던 죄를 참회하게 하시옵소서. 하나님께 영광이 되지 않는 죄를 다 고백하고 용서를 받기 원합니다.

매일, 매일 여호와를 의지하는 중에, 인도하심 속에서 살아가게 하시옵소서. 저희들이 갈 길을 미리 아시고 하나하나 성취시켜 나가시는 여호와를 소망하게 하시옵소서. 사람이 마음으로 자기의 길을 계획할지라도 그 걸음을 인도하시는 여호와를 소망하게 하시옵소서.

○○교회의 권속들이 말씀을 듣게 하시옵소서. 말씀을 전하시는 목사님께 능력을 더하시옵소서. 모든 성도들이 진주를 사모함처럼 말씀을 받아서 존귀한 삶을 살게 하시옵소서.

예수님의 이름으로 기도드립니다. 아멘.

1월 3주 ‖ 결심의 달

주일 낮(대) 예배
기도를 인도해주는 말씀 _ 시 51:10

하나님이여 내 속에 정한 마음을 창조하시고
내 안에 정직한 영을 새롭게 하소서

여호와의 이름을 찬양하게 하시는 하나님,

예배의 시작 | 사랑을 입은 주님의 자녀들이 한 자리에 모였으니, 기뻐하고 즐거워합니다. 여호와의 이름을 찬양하며 즐거워하는 예배가 되게 하시옵소서. ○○의 지체들이 구원의 주님이신 나의 하나님께 영광을 드리게 하시옵소서. 여호와는 우리를 능히 도우시니 하나님에게 소망을 두게 하시옵소서.

뉘우침과 회개 | 돌이켜 보건대, 하나님의 말씀을 버리고, 더 채우려는 욕심으로 분주했던 죄를 용서해 주시옵소서. 하늘의 아버지께서 주신 것들이 많아 이를 이웃을 향해서 거저 주고, 베풀기에 힘쓰지 못한 욕심을 회개합니다. 주님의 용서를 확신할 때, 감사드립니다.

오늘의 간구 | 하나님의 자녀들에게 소망의 영이 충만하시기를 빕

니다. 저희들의 땅에 것으로 말미암아 인생의 소망을 찾지 않고, 하늘의 것에 소망을 두게 하심을 빕니다. 썩어지는 것에서 소망을 구하지 않고, 영원한 것에 소망이 있게 하시옵소서. 오직 여호와 하나님만이 저희들의 소망이 되게 하시옵소서.

하나님 아버지,

말씀의 은혜 | 말씀을 준비하신 목사님께 성령으로 감동해주시고, 하나님의 뜻이 온전히 선포되기 원합니다. 생명의 말씀으로 이 시간에 저희를 깨닫게 하시고, 의와 진리로 이끌어 주시는 자리에 들어가게 하시옵소서. 주님의 자녀들을 위한 말씀을 들려 주시기 원합니다.

공동체를 위한 중보 | 이 시간에, 자기 백성들이 질병으로 고통을 받는 것을 원하지 않으시는 하나님을 저희들은 믿고 있습니다. 그들이 눈물로 기도하는 병상에서 여호와 우리 하나님의 거룩하심을 선포하여 주시옵소서.

저희들에게 새 소망을 주셔서 세상이 알지 못하는 기쁨을 맛보며 살게 하시니 감사합니다. 구원받은 천국 백성으로서 주님 안에서 누리는 즐거움이 더하게 하시옵소서. 날마다 함께 하시며, 시간과 사건 속에서 영원토록 주의 이름이 영광이 되시옵소서. 예수님의 이름으로 기도드립니다. 아멘.

주일 밤(찬양) 예배
기도를 인도해주는 말씀 _ 빌 3:20

우리를 인도하시는 하나님,

생명과 빛으로 오신 주님을 즐거워하면서 예배의 자리로 나아옵니다. 올해도 하나님께서는 우리를 인도해 주심을 믿고, 기다리게 하시옵소서. 이 시간에, 저희들의 마음을 드립니다.

마음으로는 주님을 사랑하였지만, 아직도 옛사람의 행실을 끊지 못하는 연약함을 회개하니, 용서해주시옵소서. 악한 길에서 떠나 돌이키지 않은 여로보암의 행실을 고백합니다. 도리어 죄가 주는 쾌락을 즐겼으니 주님의 피로써 용서해주시옵소서.

이 밤에도, 생명과 진리로 인도해주실 하나님의 말씀을 기다립니다. 목사님의 입술을 통하여 말씀이 전해질 때, 저희들의 심령을 새롭게 하시는 하나님의 음성만 듣게 하시옵소서.

예배를 마치고, 다시 세상으로 나가서 살 때, 보냄을 받은 일꾼처럼 순종하기 원합니다. 하나님의 나라가 이 땅에서 이루어지도록 쓰임을 받는 일꾼들이 되게 하시옵소서. 옛사람의 생활을 거절하는 용기를 갖고 교회의 문을 나서게 하시옵소서.

예수님의 이름으로 기도드립니다. 아멘.

수요일 밤 예배

기도를 인도해주는 말씀 _ 시 73:23

인생을 지으신 하나님,
생명의 주인이 하나님이심을 믿는 이들이 여기에 모였습니다. 소와 나귀가 제 구유를 아는 것처럼, 인생의 주인이 하나님이시기에 예배하는 ○○의 지체들이 되게 하시옵소서.
이 밤에, 잘못을 고백하도록 은혜를 내려주시옵소서. 삶의 행실에 있어서 주님과 동행하는데 부족했음을 용서해주시옵소서. 내게 있는 모든 것을 내어드리는 삶에도 부족하였습니다.
저희들 모두에게 올 한 해의 삶에서 여리고를 정복해주신 하나님의 은혜를 보게 하시옵소서. 금년 365일을 하나님의 방법대로 사는 은혜를 누리기 원합니다. 하나님의 방법대로 이루어지는 생활에서 천국생활의 모형이 되게 하시옵소서.
설교를 준비하신 목사님을 주님의 손으로 붙잡아 주셔서, 오늘 하나님의 말씀이 온전히 선포되기 원합니다. 저희들에게 하나님을 사랑하는 만큼 주님의 말씀을 마음에 두게 하시옵소서.
예수님의 이름으로 기도드립니다. 아멘.

1월 4주 ‖ 결심의 달

주일 낮(대) 예배
기도를 인도해주는 말씀 _ 벧후 1:10

그러므로 형제들아 더욱 힘써 너희 부르심과 택하심을 굳게 하라
너희가 이것을 행한즉 언제든지 실족하지 아니하리라

감사와 찬양을 받으시는 하나님,

예배의 시작 | 주님의 피로 세우신 교회에 모인 지체들에게 감사와 찬양으로 예배를 시작하게 하시옵소서. 주님의 이름을 높이며, 자녀로서 아버지가 누리셔야 하는 영광을 드리게 하시옵소서. 이 시간에 마음으로 무릎을 꿇게 하시고, 하늘의 영광을 취하시옵소서.

뉘우침과 회개 | 성령님께서 감동하시고, 인도하실 때마다 오히려 귀찮게 여기고 자행했던 죄를 용서해 주옵소서. 주님의 피로 죄 사함을 받고, 저희들 자신이 성령 안에서 하나님의 거하실 처소가 되는 것을 즐거워하게 하옵소서. 성령님을 모셔 들이고, 예수 안에서 함께 지어져 가게 하시옵소서.

오늘의 간구 | 여러 가지 문제를 안고 나아온 성도들이 있습니다. 고

단한 중에도 주님의 날을 구별하여 예배하러 나온 이들의 신앙을 귀히 여기시옵소서. 예배를 통해 우리들의 문제를 해결받고, 신령한 은혜를 받게 하시옵소서. 여호와의 이름을 부르며, 성령님의 충만하신 임재 속에서 살아가도록 하시옵소서.

하나님 아버지,

말씀의 은혜 | 오늘도 이 땅의 사람들에게 찾아 오셔서, 잃어버린 자들을 부르시는 말씀을 듣게 하심을 즐거워합니다. 목사님의 입술을 통하여 말씀이 전해질 때, 저희들의 심령을 새롭게 하시는 하나님의 말씀만 선포되기 원합니다.

공동체를 위한 중보 | 지금, 병상에 누워서 신음하거나 질병의 고통으로 슬픔에 빠져 있는 지체들을 위하여 하나님의 자비를 구합니다. 예수님께서 병든 자들을 고쳐 주셨던 것처럼 저희들을 불쌍히 여겨 주시옵소서.

하나님께서 존귀하게 여겨주시는 이 백성들이 예배로 시작되는 삶이 되고, 말씀에 순종하여 의의 열매를 맺음에 이르게 하시옵소서. 이로써 소망과 기쁨을 알지 못하는 사람들과 나눌 수 있는 믿음과 사랑을 주시옵소서. 말씀을 따라 바른길 가게 하시고 세상 중에 진리를 드러내는 삶을 살게 하시옵소서.

예수님의 이름으로 기도드립니다. 아멘.

1월 예배 대표⁺기도문

주일 밤(찬양) 예배
기도를 인도해주는 말씀 _ 시 115:3

예배의 자리로 부르신 하나님,
주님의 권속을 은혜의 자리로 불러 영과 진리로 예배하게 하셨으니 영광을 드립니다. 하늘에서 베풀어 주시는 신령한 식탁으로 인하여 천국의 은혜를 누리는 한 시간이 되게 하시옵소서.
입술로는 주님을 따르고, 십자가를 바라본다 하면서도, 저희들의 마음을 채울 세상의 일들에 주목하여 지내온 죄를 회개합니다. 용서해주시옵소서. 주님보다는 저희들을 만족하게 해주는 일들을 더 바라보면서 지내온 삶을 불쌍히 여겨 주시옵소서.
설교를 준비하신 목사님에게 성령의 능력이 더해지기 원합니다. 이제 저희들은 겸손히 말씀을 듣게 하시옵소서. 말씀으로 새 힘을 얻게 해 주시옵소서. 그 말씀의 약속이 이루어지는 것을 소망하게 하시옵소서.
○○교회의 권속이 찬양으로 주님과 함께 걷는 하루하루가 되게 하시옵소서. 주님의 영화로우심을 찬양하게 하소서. 주님의 아름다우심을 찬양하면서 자신의 일에 힘을 쏟게 하시옵소서.
예수님의 이름으로 기도드립니다. 아멘.

수요일 밤 예배
기도를 인도해주는 말씀 _ 시 5:4

거룩함에의 소원을 갖게 하시는 하나님.

죄악에서 건져주시고, 주님의 백성으로 삼아주셨다가 이 시간에 불러주시니 감사드립니다. 거룩함을 추구하려는 소원을 갖고 예배하는 지체들이 되도록 인도해주시옵소서.

돌이켜봄에, 하나님의 사람으로 살지 못한 죄를 고백합니다. 하나님의 뜻에 순종하는 삶이었어야 하지만 많은 핑계와 게으름 속에서 무책임하였습니다. 모든 죄를 용서해 주시옵소서.

오직 믿음으로 시작한 금년의 삶에서 벌써 한 달이 지나고 있습니다. 믿음으로 시작했던 것과 같이 예수님만을 삶이 되게 하시옵소서. 제자들이 주님을 따라나섰을 때, 배와 부친을 버려두고 따랐던 삶이 저희들의 것이 되게 하시옵소서.

설교를 준비하신 목사님을 주님의 손으로 붙잡아 주셔서, 오늘 저희들에게 하나님의 말씀이 온전히 선포되게 하시옵소서. 말씀을 듣는 교우들은 강단의 메시지에 은혜를 받고 회복을 경험하게 하시옵소서. 이로써 교회는 부흥의 역사를 갖게 하시옵소서. 예수님의 이름으로 기도드립니다. 아멘.

2월 1주 ‖ 전진의 달

주일 낮(대) 예배
기도를 인도해주는 말씀 _ 계 14:12

성도들의 인내가 여기 있나니 그들은 하나님의 계명과
예수에 대한 믿음을 지키는 자니라

이름이 드러나기를 원하시는 하나님,

예배의 시작 | 하나님께서 거룩하다고 선포하신 날의 아침입니다. 그 크신 손 안에 있는 온 땅이 주님의 이름을 드러내게 하시옵소서. 땅에 있는 모든 것들이 주님의 아름다우심을 찬양하기 원합니다. 이 끝에서 저 끝까지에 있는 모든 인생들이 주님의 이름에 찬양을 드리게 하시옵소서.

뉘우침과 회개 | 하나님께서 저희들을 자녀로 삼아주심은 주 안에서 항상 기뻐하도록 하심이셨으나 기뻐하지 못하였습니다. 순간, 순간에 눈으로 보이는 환경에 마음을 내어주고 말았습니다. 기쁨보다는 분노와 화로 지내왔고, 그리스도인의 관용에서는 먼 생활을 해왔음을 용서해주시옵소서.

오늘의 간구 | 얼어붙은 눈이 대지의 기온을 빼앗아 가지만 봄이 오

고 있음을 느끼게 하심으로써 저희들도 천국에 소망을 두게 하심을 감사합니다. 매서운 눈보라 속에서도 대지의 생명들이 움을 트듯, 어떤 고난이 닥쳐와도 충성된 종이 되어 직분을 감당함으로써 이기게 하시옵소서. 사랑하는 지체들, 각자가 받은 은사에 따라 섬김을 다하는 삶이 되게 하시옵소서.

하나님 아버지,

말씀의 은혜 | 성령님께서 저희를 이끌어 '아멘'으로 말씀을 듣게 하소서. 지금, 하나님께서 저희에게로 오셔서, 들려주시는 음성으로 들을 수 있도록 이끌어 주시옵소서. 그 말씀을 받아 그대로 따르는 삶을 살아드리려 다짐하게 하시옵소서.

공동체를 위한 중보 | 오늘, ○○ 교회의 식구들에게 건강한 삶을 살아가도록 도와주옵소서. 갑작스럽게 찾아온 질병으로 인하여 병상에 눕게 된 이들을 어루만져 주시옵소서. 안타깝게도, 여러 가지로 사정이 있어 예배에 함께 참여치 못한 성도들을 기억해 주시옵소서.

이 날을 지키는 성도들에게는 하늘의 복으로 은혜를 누리게 하옵소서. 인간의 연약함 때문에 오늘을 지키지 못한 주님의 백성들에게 자비하심을 나타내 주시기 원합니다.

예수님의 이름으로 기도드립니다. 아멘.

2월 예배 대표⁺ 기도문

주일 밤(찬양) 예배
기도를 인도해주는 말씀 _ 출 31:3

새로움을 더하시는 하나님,
구원에 이르는 믿음을 갖도록 하신 하나님의 은혜에 감사하며 영광을 드립니다. 저희들을 거룩한 삶으로 인도하시고, 훈련시키심에 감사드립니다. 영과 진리로 예배하게 하시옵소서.
악을 따르는 삶을 살아 왔음을 회개합니다. 주님의 뜻대로 살지 못하고 오히려 거절하였습니다. 용서해주시고, 하나님의 자녀로 거듭나기 위해 눈물의 회개를 하게 하시옵소서. 죄를 거절하는 담대함을 주시고, 신령한 은혜에 들어가게 하시옵소서.
목사님의 입술을 통하여, 준비된 말씀에도 성령님의 역사가 나타나기 원합니다. 하나님의 말씀으로 이 시대를 살아가는 저희들이 되게 하시옵소서.
이 밤에, 모인 지체들이 십자가를 가슴에 안고, 서로가 서로를 섬기게 하시옵소서. 주님의 사랑 안에서 교제와 봉사를 하면서 신앙생활에 힘쓰기를 원합니다. 이로써 ○○의 지체들이 다른 사람들의 일을 돌아보아 하나님께 영광을 드리게 하시옵소서.
예수님의 이름으로 기도드립니다. 아멘.

수요일 밤 예배
기도를 인도해주는 말씀 _ 고전 1:10

예배의 자리로 불러주신 하나님,
벌써 2월입니다. 바쁘게 살아야 했던 세상의 일을 잠시 놓고, 예배하려 하오니 하늘의 문을 열어 주시옵소서. 하나님의 친 백성이 된 자녀들이 올려 드리는 예배를 받으시옵소서.
주님 앞에서 성도로서의 모자라기 그지없는 모습을 회개합니다. 하나님의 말씀에 순종하면서 빛으로, 소금으로 살았어야 하나 아무 생각 없이 되는대로 살아온 죄를 용서해주시옵소서.
저희들이 이 달에는 하나님 앞에서 힘을 모으기를 소원합니다. 생명의 진리를 마음에 받아 저희들의 영혼이 더욱 푸르기를 소망합니다. 저희들에게 세상의 즐거움을 버리고 주님을 따르게 하시옵소서. 주님만을 따르기 위해서 저희들을 얽어매기 쉬운 것들을 버리도록 인도해 주시옵소서.
하나님의 종으로 구별되신 목사님을 저희들에게 주심에 감사드립니다. 종의 입술을 통해서 전해지는 말씀을 사모하게 하옵소서. 그 말씀으로 생수에 적셔진 심령들이 되게 하시옵소서.
예수님의 이름으로 기도드립니다. 아멘.

2월 2주 ‖ 전진의 달

주일 낮(대) 예배
기도를 인도해주는 말씀 _ 딤전 4:12

누구든지 네 연소함을 업신여기지 못하게 하고 오직 말과 행실과
사랑과 믿음과 정절에 있어서 믿는 자에게 본이 되어

예배에 계시는 하나님,

예배의 시작 | 엿새 동안, 속된 것이나 거룩한 것을 구별하지 못 하고, 분주히 살던 저희들이 머리를 숙였습니다. 예수님의 피 공로에 의한 거룩한 옷을 입고 예배드리려 하니 영광을 받으시옵소서. 아버지 하나님의 자비로우심으로 저희를 받아 주시옵소서. 영과 진리로 예배하게 하시옵소서.

뉘우침과 회개 | 하나님을 섬긴다 하면서도 주님께서 베풀어주신 것들에 감사하지 않고, 거룩하지도 않았던 행실을 용서해주옵소서. 여전히 마귀에게 종노릇을 하던 품성에 따라 남을 참소하고, 사납게 행한 죄를 용서해주시옵소서. 하나님의 나라를 바라보면서 살아가도록 이끌어 주시옵소서.

오늘의 간구 | 지금, 예배하는 동안에 하나님의 영으로 충만해지게

하시옵소서. 사랑하는 권속들의 심령에 부흥의 불길이 타오르게 하심을 빕니다. 메말랐던 심령마다 소생하는 은총을 받게 하시옵소서. 오늘, 하나님께서 베풀어 주신 은혜를 세어보면서 감사하는 ○○의 지체들이 되게 하시옵소서.

하나님 아버지,
말씀의 은혜 | 구원에 이르는 진리의 말씀으로 저희들에게 생명의 길로 인도해 주시옵소서. 주님께서는 이미 저희의 부족함을 아십니다. 강단의 은혜로 가르치셔서 그리스도의 장성한 분량에 이름에 모자람을 채울 수 있게 하시옵소서. 연약한 영혼을 위해서 생명의 말씀을 준비해 주셨으니 정말로 감사드립니다.
공동체를 위한 중보 | 오늘, 함께 예배하고 싶어도 병들어서 이곳에 오지 못한 이들이 있습니다. 주님만이 구원이 되심을 믿고 의지하는 이들에게 주님의 선하신 뜻을 보여 주시옵소서. 질병에서 고침을 받아 다음 주일에는 주일의 은혜를 받게 하옵소서. 오늘도 ○○의 지체들이 믿음의 삶을 이루어 나가도록 해 주심을 빕니다. 옥토의 심령을 지니고, 반석 같은 믿음의 처소를 이루어 가게 하시옵소서. 주님과 동행하여 찬송으로 영광을 드리는 시간이 많아지게 하시고, 신령함으로 세워지게 하시옵소서. 예수님의 이름으로 기도드립니다. 아멘.

주일 밤(찬양) 예배
기도를 인도해주는 말씀 _ 눅 14:28

자기 백성에게 함께 하시는 하나님,
구원의 하나님께 예배드림이 마음을 다하고, 뜻을 다하는 생명의 누림이 되게 하시옵소서. 이 시간에, 다시 한 번 간구할 때, 진리로 충만한 ○○ 교회가 되게 하시옵소서. 진리 안에서 지내게 해주심에 감사드립니다.

저희들의 삶은 자기 자신을 위해서만 힘쓴 생활이었습니다. 이웃에게 소금과 빛이 되는 것을 오히려 부담스러웠습니다. 주님의 걸음과는 전혀 다르게 살아가고 있는 죄를 용서해주시옵소서. 왜 이렇게, 하나님의 일에 인색해졌는지 가르쳐 주시옵소서. 하나님의 말씀이 선포될 때, 마음의 문을 활짝 열고 듣게 하시며, 주님의 말씀을 생명의 양식으로 받아 심령이 배부르게 하시옵소서. 옥토의 심령에 받아 진리에 이르게 하시옵소서.

이제, 우리 민족의 명절인 설을 맞이합니다. 저희들은 주님의 피로 새 사람이 되었으니, 설의 명절에 옛 사람으로 돌아가지 않도록 지켜 주시옵소서.

예수님의 이름으로 기도드립니다. 아멘.

수요일 밤 예배
기도를 인도해주는 말씀 _ 빌 1:27

영광의 주로 계시는 하나님,
보냄을 받은 세상에서 열심을 다해 살던 지체들이 다시 한 몸으로 모이게 하셨음에 감사드립니다. 저희들의 마음을 가라앉혀 주시고 조용하고 경건한 예배가 되게 하여 주시옵소서.
이 밤에, 저희들의 마음 깊은 곳에서 외치는 양심의 소리를 듣습니다. 사람들의 눈은 속일 수 있어도 하나님 앞에서는 가릴 수 없는 죄가 있음을 고백합니다. 죄의 허물을 용서해주시옵소서.
성령님의 충만하심으로 인하여, 주님의 이끌어주심에 따라, 소금처럼 필요한 사람이 되고, 빛이 되어 여호와의 은혜를 나타내려는 결단을 하게 하시옵소서. 저희들이 살아가고 있는 곳에서 하나님의 뜻을 이루어 드리게 하시옵소서.
복된 밤에, 말씀을 들고 단 위에 서신 목사님과 함께 하셔서 생명을 구원하는 능력의 말씀을 전하실 수 있도록 인도하시옵소서. 120명의 사람들이 약속하신 성령을 받기 위해서 간절히 기도했던 다락방의 은혜를 체험하게 해주시옵소서.
예수님의 이름으로 기도드립니다. 아멘.

2월 3주 ‖ 사순절 1주일 - 전진의 달

주일 낮(대) 예배
기도를 인도해주는 말씀 _ 약 1:4

인내를 온전히 이루라 이는 너희로 온전하고
구비하여 조금도 부족함이 없게 하려 함이라

온전함에 이르게 해주시는 하나님,

예배의 시작 | 사순절의 첫째 주일에 하늘의 영광을 버리고 이 땅에 오신 예수님을 바라봅니다. 저희를 구원해 주시려고 십자가를 지시기 위해서 관의 길을 걸으셔야 했던 주님을 바라봅니다. 십자가에서 흘리신 피로 죽음에서 생명을 누리게 된 지체들이 예배할 때, 영광을 받으시옵소서.

뉘우침과 회개 | 믿음이 없이는 기쁘시게 못함을 알면서도 믿음이 없는 이들과 같이 지내온 죄를 고백합니다. 살아계신 하나님께서 상을 주시는 이심을 믿는데 소홀했던 죄를 내어놓습니다. 하나님이 없다는 이들과 다를 바 없이 지냈고, 하나님의 상보다는 세상의 유익에 마음을 두었던 행실을 용서해주시옵소서.

오늘의 간구 | 오늘, 예배로 말미암아 가정마다 은혜의 강물이 흘러

가게 하시옵소서. 성전에서 흘러나오는 생수의 역사가 가정마다 흘러서 한해의 지표를 삼게 하시기 원합니다. 그래서 더욱 더 믿음 안에서 굳건히 세워지는 권속들이 되어 우리 모두 믿음의 역사를 이어가도록 이끌어 주시옵소서.

하나님 아버지,

말씀의 은혜 | 이제 저희들은 왕 앞에 선 신하와 같이 말씀을 기다리게 하시옵소서. 우둔한 귀를 열어서 듣게 하사, 주님을 위해 살겠다는 다짐을 허락하시옵소서. 그 말씀으로 교회를 떠나가기 전에 새로워지는 결단을 하게 하시옵소서

공동체를 위한 중보 | 저희를 불쌍히 여겨서 맹인을 눈 뜨게 하고, 상처받은 이들을 자유케 하시는 하나님의 긍휼을 내려 주시옵소서. 병자의 손을 잡으시고, 불쌍히 보시고 낫게 하셨던 주님의 얼굴을 저희들에게 돌려주시옵소서.

사랑하는 지체들에게 염려와 실패의 홍해를 건너게 하시옵소서. 때마다, 일마다 나를 도우시는 하나님께 찬양을 드리는 귀한 가정들이 되게 하시옵소서. 그들의 가정도 부흥되어서 하나님의 영광을 구하는 지체들이 되기를 소원합니다.

예수님의 이름으로 기도드립니다. 아멘.

주일 밤(찬양) 예배
기도를 인도해주는 말씀 _ 시 111:10

사순절을 맞이하게 하신 하나님,
이 밤이, 하늘의 문이 열려 구원의 은혜와 평강의 복이 넘치게 하신 하나님의 이름에 합당한 영광을 드리는 예배가 되게 하시옵소서. 긍휼을 베푸시는 주님의 이름을 즐거워합니다.
주님의 보혈로 말미암아 죄를 씻음을 받았음에도 그 보혈의 은혜를 잊고 살았음을 회개합니다. 삶의 자리에서 눈에 보여 지는 것들에 마음을 두고 지낸 죄를 용서해주시옵소서. 지금, 마음을 돌이켜 주님께 자복하였사오니 사유해 주시옵소서.
지금, 목사님을 통해서 들려주시는 하나님의 말씀에 귀를 기울이고, 순종으로 응답하게 하시옵소서. 하나님께서 들려주시는 음성으로 들을 수 있도록 심령이 옥토로 준비되게 하시옵소서.
주님께서 하늘로 올라가시면서, 이 땅의 사람들에게 맡기신 선교의 사명을 사랑하는 저희들이 되기 원합니다. 복음이 땅 끝까지 전해지기를 원하셔서 성령을 보내신 주님의 뜻을 깨닫게 하시옵소서.
예수님의 이름으로 기도드립니다. 아멘.

수요일 밤 예배

기도를 인도해주는 말씀 _ 롬 8:28

자비로우신 하나님,

이 밤의 시간에, 예배의 은혜로 말미암아 저희들은 주님의 몸을 이루고 있는 지체임을 확인하게 하시옵소서. 자기의 자녀를 향하신 자비가 넘치시니 그 감격으로 예배하게 하시옵소서.

기도와 간구로 살아야 하는 삶이었으나, 여호와를 찾음에 소홀했음을 회개합니다. 저희들의 경험과 생각의 판단으로 살았던 모습을 그대로 내어놓습니다. 용서해주시옵소서.

주님께서 ○○교회에 복음을 선물로 주신 사실을 생각합니다. 저희들의 생명을 살리시려고, 각자의 심령에도 복음을 주셨음을 믿습니다. 이제, 이 복음을 전하는 저희들이 되게 하시옵소서. 한 사람, 한 사람의 전도로 구원에 이르게 하시옵소서.

이 밤에도, 하나님의 미쁘신 말씀으로 즐거움을 삼게 하시옵소서. 그 즐거움이 저희들의 영혼에 양약이 되고, 위로와 힘이 되기를 소망합니다. 강단에서 흘러나오는 말씀의 은혜를 주시옵소서. 하늘의 위로와 기쁨으로 세상을 이기는 은혜를 주시옵소서. 예수님의 이름으로 기도드립니다. 아멘.

2월 4주 ‖ 삼일절주일 - 전진의 달

주일 낮(대) 예배
기도를 인도해주는 말씀 _ 잠 11:3

정직한 자의 성실은 자기를 인도하거니와
사악한 자의 패역은 자기를 망하게 하느니라

복음을 전하시는 하나님,

예배의 시작 | 오늘, 이 민족에게 구원의 소망을 갖게 해주셨던 삼일 독립만세의 외침을 묵상하게 하시니 영광을 받으옵소서. 여호와께 존귀한 지체들이 예배합니다. 신앙 선배들이 나라의 주권회복과 자유를 얻기 위하여 헌신하게 하셨음을 뒤따르며, 하나님께 영광을 드리게 하시옵소서.

뉘우침과 회개 | 거룩한 백성으로 살아야 하는 저희들이기에 죄에 민감해야 하지만, 그렇지 못했음을 회개합니다. 때로는 죄인 줄 알면서 순간의 유익을 위해 눈감은 적도 있습니다. 애통하는 자는 복이 있다고 하셨으니, 예배하러 나온 이 자리에서 통회의 눈물을 흘리게 하시옵소서.

오늘의 간구 | 주님의 몸 된 교회를 위하여 간구합니다. 교회가 지역

사회의 구원방주가 되게 하시며, 크신 능력과 축복을 허락하셔서 죽어 가는 많은 심령들에게 복음의 기쁜 소식을 전할 수 있게 하시옵소서. 하나님께서 구원이 작정된 영혼들을 찾아내는 교회로 인도해 주심을 빕니다.

하나님 아버지,

말씀의 은혜 | 목사님의 입술을 통하여, 준비된 말씀에 성령님의 역사를 보여주시옵소서. 두렵고도 떨리는 심정으로 말씀을 받을 때, 생명의 진리로 새 힘을 얻게 해주시옵소서. 주님의 뜻을 이루어 드리기 위해 살아가겠다는 각오를 하기 원합니다.

사역을 위한 중보 | 교회 안에서 역할에 따라 기관을 세우셨으니 맡은 바 사명을 감당하게 하시고 날로 발전하게 하시옵소서.

공동체를 위한 중보 | 귀신 들려 눈 멀고 말 못하는 사람을 고쳐 주셨던 예수님께서 병으로 고생하는 형제들에게 찾아가 주시기를 빕니다. 우리 모두가 지체들의 고통에 동참하여 함께 눈물을 흘리니 불쌍히 여겨 주시옵소서.

이제부터는 저희들이 참된 성도의 길을 걸어가게 하옵소서. 주님께서 주신 시간과 은사와 모든 힘들을 주를 위해서 사용하게 하옵소서.

예수님의 이름으로 기도드립니다. 아멘.

2월 예배 대표⁺ 기도문

주일 밤(찬양) 예배
기도를 인도해주는 말씀 _ 잠 1:3

삼일절을 기념하게 하신 하나님,
하나님을 아버지라 부르며 찬송을 드립니다. 마음으로 무릎을 꿇고 왕이 되신 주님의 이름을 높이 외칩니다. 이 세상에 오셔서 자기의 생명을 내어주시기까지 하신, 주님의 모습을 본받기를 결단하는 예배의 한 시간으로 인도해주시옵소서.

일제의 억압 아래에서 대한독립만세를 외치다가 쓰러지신 선조들의 신앙을 잊고 지내온 것을 회개합니다. 하나님의 사랑이 그들의 가슴에 조국에의 헌신으로 나타났으나 저희들은 이 나라를 사랑하는데 부족하였습니다. 용서해주시옵소서.

목사님께서 말씀을 전하실 때, 하나님의 능력과 은혜가 드러나기를 빕니다. 성령님께서 저희들의 심령을 말씀으로 이끌어 '아멘'으로 말씀을 듣게 하시옵소서.

주님의 보혈로 죄를 씻음 받아서 거룩한 자가 된 기쁨을 가지고 살아가게 하시옵소서. 하나님을 아버지로 삼아 날마다 만족하게 해주심을 바라보는 기쁨으로 지내게 하시옵소서.

예수님의 이름으로 기도드립니다. 아멘.

수요일 밤 예배
기도를 인도해주는 말씀 _ 삼상 22:17

만물의 주가 되시는 하나님,
이 밤에, 성전을 사모하게 해 주셨음에 감사드립니다. 여호와께서 크신 팔로 우리를 두르셨음을 기억하며 예배하게 하시옵소서. 영과 진리의 예배로 나아갈 때, 영광을 취하시옵소서.
하나님의 뜻에 합당하게 살아오지 못한 이 부족한 공동체가 저희들의 허물과 죄를 고백합니다. 하나님께는 무관심했고, 저희들의 소유하려는 욕심에 사로 잡혀 있었음을 용서해주시옵소서. 사랑하는 지체들이 말씀의 반석 위에 신앙의 집을 짓는 권속이 되게 하시옵소서. 이로써 저희 교회에 믿음의 역사가 풍성해지게 하시옵소서. 우상이 가득하고 혼탁한 세상에서 믿음으로 만족하게 해주시옵소서.
이 시간에 미쁜 마음으로 말씀을 받아 허망한 것을 물리치게 하시옵소서. 정금보다도 더 간직해야 될 말씀이니, 진리에 순종함으로 더욱 의로워지도록 이끌어 주시옵소서. 말씀의 은혜로 저희들의 심령이 말씀으로 채워지게 하시옵소서.
예수님의 이름으로 기도드립니다. 아멘.

2월 예배 대표⁺ 기도문

3월 1주 ∥ 전도의 달

주일 낮(대) 예배
기도를 인도해주는 말씀 _ 고전 9:16

내가 복음을 전할지라도 자랑할 것이 없음은 내가 부득불 할 일임이라
만일 복음을 전하지 아니하면 내게 화가 있을 것이로다

자기 백성을 기다리시는 하나님,

예배의 시작 | 부르심을 받은 주님의 백성들이 하나님 앞으로 나아오게 하셨음에 감사드립니다. 거룩한 자리로 올라오는 길에, 하나님의 이름을 묵상합니다. 자녀들을 잊지 않고 부르시는 하나님을 경배하게 하시옵소서. 이 예배당에 모인 성도들이 '오직 주는 여호와이시라' 는 고백으로 예배드리기 원합니다.

뉘우침과 회개 | 저희들의 삶은 구원을 이루려 하기보다, 자신의 욕심을 구하는데 급급했었음을 회개합니다. 저희들 안에서 행하시는 하나님의 뜻을 거절하고, 저희들의 생각과 마음에 원하는 것을 구하며 살았음을 용서해 주시옵소서. 주님의 피로 다시 한 번 저희들을 씻어주시고, 의롭게 해주시옵소서.

오늘의 간구 | 집 안에도 봄의 따스함이 들어오는 요즈음에, 저희들

의 심령에도 소성케 해 주시는 생명의 따스함이 전해지기 원합니다. 이 한 달 내내 생명을 예찬하는 삶이 되게 하옵소서. 삼일 만세 운동의 감격이 온 민족의 가슴을 덮음처럼 하나님의 은혜로 이 민족이 새로워짐을 위해 기도하게 하시옵소서.

하나님 아버지,

말씀의 은혜 | 이제, 하나님의 말씀을 하늘 우레의 말씀으로 듣게 하셔서. 그 말씀으로 이 시대를 살아가는 저희들이 되게 하시옵소서. 진리의 바람이 불어와 잠자던 심령을 깨워주시옵소서. 설교하시는 목사님께 하늘의 능력을 더하여 주시옵소서.

공동체를 위한 중보 | 여호와의 치료하시는 은혜로 ○○ 교회의 지체들이 연약함으로부터 놓여나기 원합니다. 자비로우신 눈으로 병든 이들을 바라보시고, 치유의 말씀을 들려주시옵소서.

반석에서 물이 나고, 들에서 양식을 줍는 은혜를 내려 주시옵소서. 그 은혜의 풍성함으로 말미암아 감사함으로 지내게 하시옵소서. 또한 사랑과 소망과 믿음의 말들과 행동들을 하게 하셔서 공동체에 덕을 끼치게 하옵소서. 보다 더 말씀 앞에 복종하여 말씀이 인도하는 대로 살아가게 하시옵소서.

예수님의 이름으로 기도드립니다. 아멘.

주일 밤(찬양) 예배
기도를 인도해주는 말씀 _ 전 11:6

예배의 보좌에 계신 하나님,

하늘나라에서의 기쁨을 지금, 맛보게 하시는 구원의 하나님을 향해 즐거이 외치는 예배를 드리게 하시옵소서. 성령님의 충만하심이 있어 춤을 추며 기뻐하는 예배로 영광을 받으시옵소서.

더러운 죄를 고백하지 않을 수 없습니다. 손해가 되는 것 같아서 의도적으로 여호와의 계명에서 멀어졌음을 회개합니다. 순간의 즐거움에 자신을 내어주고, 불의와 타협하면서도 자신의 죄를 합리화하는 위선적인 행실뿐이니 용서하시옵소서.

말씀을 준비하여 설교를 하시는 목사님께 영력을 더해 주시기를 원합니다. 은혜의 단비를 받는 성도들이 되게 하시옵소서. 진리에 든든히 세워지는 교회가 되도록 이끌어 주시옵소서.

하나님의 이름이 저희들에게 생명이 되시고, 영생이 보장이 되셨음에 즐거워하게 하시옵소서. 이제는 저희들이 그 이름에 합당한 영광을 드리고, 그 이름으로 소망을 바라보며 지내게 하시옵소서.

예수님의 이름으로 기도드립니다. 아멘.

수요일 밤 예배
기도를 인도해주는 말씀 _ 요일 1:7

인애하신 하나님,

여호와께로부터 구원의 복을 받은 대로 살던 지체들이 한 자리에 모였습니다. 지금, ○○의 지체들이 우리를 지으신 여호와 앞으로 나아가 마음으로 무릎을 꿇게 하시옵소서.

여호와께 더럽기 짝이 없는 죄를 회개하고, 새 사람으로 태어나려고 고백합니다. 오만함으로 얼룩진 저희들은 이미 하나님께서 받으실만한 예배를 드릴 자격을 잃었으니 용서해주시옵소서.

저희들이 이 달에는 그리스도의 피를 묵상하며 지내기를 소원합니다. 저희들이 하나님의 자녀가 되는 근거가 되게 한 주님의 피를 저희들의 심령에 채워주시옵소서. 갈보리의 피를 생명의 흔적으로 삼게 하시옵소서.

목사님께서 진리의 말씀으로 저희들을 인도하실 때, 성령님의 열매를 맺으려는 소원으로 가슴이 불타게 하옵소서. 하나님을 향한 열매를 맺어, 사랑과 희락과 화평의 생활에 힘을 쓰게 하옵소서.

예수님의 이름으로 기도드립니다. 아멘.

3월 2주 ‖ 전도의 달

주일 낮(대) 예배
기도를 인도해주는 말씀 _ 막 16:15

또 이르시되 너희는 온 천하에 다니며
만민에게 복음을 전파하라

날과 시간을 구별하시는 하나님,

예배의 시작 | 거룩하게 구별해주신 시간에 성소에 모였습니다. 찬양의 소리가 예배당 안에 퍼질 때, 하나님께서는 영광을 받으시길 원합니다. 이 백성에게 주님의 이름에 합당한 영광을 돌리게 하시옵소서. 여호와의 능하신 손으로 구원하실 것을 바라며 전심으로 예배하도록 복 주시옵소서.

뉘우침과 회개 | 주님께서는 저희들을 모든 선한 일에 예비함이 되도록 자기를 깨끗하게 하라고 하셨으나 그렇게 하지 못했음을 용서해 주시옵소서. 돌이켜 보건대 지난 시간의 삶도 육신의 정욕을 피하지 못하고 지냈습니다. 성도들과 함께 의와 믿음과 사랑과 화평을 좇는 데도 게을렀던 죄를 용서해주시옵소서.

오늘의 간구 | 봄이 되어, 대지에 가득하게 새 생명이 피어나듯이,

저희 교회에도 새 생명의 은혜를 보게 하시옵소서. 땅의 것을 취하는데 마음을 빼앗겨 잃은 자를 찾으시는 하나님의 마음에 소홀했던 죄를 용서해 주시옵소서. ○○의 지체들이 새 생명을 위하여 전도에 열심을 내게 하시옵소서. 죄로 말미암아 지옥불로 내려가는 이들을 구원해 내게 하시옵소서.

하나님 아버지,

말씀의 은혜 | 목사님의 입을 빌려서 선포되는 주님의 말씀을 듣게 하시기 원합니다. '아멘'으로 받고 결단으로 새롭게 거듭나는 설교가 되게 하시옵소서. 그에게 성령님의 능력이 더하여, 여기에 모인 이들이 모두 듣게 하시옵소서.

공동체를 위한 중보 | 여호와의 이름을 의지하니 병들어 신음하는 이들을 고쳐주시옵소서. 그들의 고통과 한숨을 주님의 십자가 앞에 다 내려놓사오니 맡아주시고, 저들의 기도를 다 들어 응답해 주시옵소서.

이 자리에는 약한 자와 병든 자와 슬픔과 환난을 당한 자들이 있습니다. 약한 자에게는 강함을 주시고 슬픔을 당한 자에게는 위로를 주시며, 근심과 고통의 신음소리가 찬송의 소리고 바뀔 수 있는 놀라운 역사를 베풀어주시옵소서.

예수님의 이름으로 기도드립니다. 아멘.

3월 예배 대표 [+] 기도문

주일 밤(찬양) 예배
기도를 인도해주는 말씀 _ 레 25:3

여호와 하나님,

마음을 다하여 나의 하나님께 찬양하는 ○○의 지체들이 드리는 찬송을 받으시옵소서. 저희들 모두가 경건함과 거룩함으로 예배하게 하시옵소서. 생각과 마음을 모아서 여호와를 공경함으로써 예배하는 저희들이 되게 하시옵소서.

저희들의 행실을 통해서 여호와께서 영광을 받으셔야 했건만 그러하지 못한 죄를 회개합니다. 하나님께 영광을 드려야 하였건만 나의 이름을 내세우기에 바빴습니다. 결국, 하나님의 이름을 훼방하며, 영광을 주께 돌리지 않았음을 용서해주시옵소서.

설교를 준비하신 목사님께 힘을 더하셔서 권세가 있는 말씀을 듣기 원합니다. 말씀으로 상한 심령들이 치유를 받게 하시옵소서. 그 말씀으로 여호와를 사랑하는 열정을 품게 하시옵소서.

저희들 모두 작은 예수가 되어, 세상에 대해서 십자가를 지는 종들이기를 원합니다. 이웃에 대하여 화평으로 섬기는 착한 행실을 통해서 하나님의 나라가 성취되는 것을 보게 하시옵소서.

예수님의 이름으로 기도드립니다. 아멘.

수요일 밤 예배
기도를 인도해주는 말씀 _ 벧전 1:2

자기 백성을 돌아보시는 하나님,

하나님께서 주신 기업의 현장에서 복음의 증인으로 살던 저희들이 함께 모여 머리를 숙이게 하시니 감사드립니다. 여호와의 집에 심겨진 나무와 같은 주님의 백성들을 보아 주시옵소서.

저희들을 어루만지셔서 죄를 용서해 주시고, 결단을 하게 하시옵소서. 주님의 뜻을 이루어드리는 데 부족하였음을 용서해 주시옵소서. 자신의 유익만을 구하였음에 불쌍히 여기시옵소서.

저희들에게 주님의 충성을 따르는 은혜를 주시옵소서. 맡은 자들에게 구할 것은 충성이라고 하셨으니, 죽도록 충성하는 은혜를 주시옵소서. 사랑하는 권속이 충성을 통해서 주님 앞에 섰을 때에 부끄럽지 않기를 원합니다.

이 시간에, 하늘의 문이 열리고, 영생의 말씀을 듣기 원합니다. 만나를 주우러 갔던 이들의 심정이 되어 생명의 양식을 거두는 마음으로 말씀을 대하게 하시옵소서. 말씀을 받는 중에, 영안이 열려지고, 주님을 만나는 은혜를 경험하게 하시옵소서.

예수님의 이름으로 기도드립니다. 아멘.

3월 3주 ‖ 전도의 달

주일 낮(대) 예배
기도를 인도해주는 말씀 _ 롬 1:15

그러므로 나는 할 수 있는 대로 로마에 있는
너희에게도 복음 전하기를 원하노라

예배에 초청하시는 하나님,

예배의 시작 | 온 땅이 무릎을 꿇고, 하나님을 경배하는 아침입니다. 저희들에게 주님을 찬양하며, 그 이름을 높여드리게 하시옵소서. 지난 엿새 동안에, 은혜를 누리며 살던 이들이 오직 하나님을 예배하러 나아갑니다. 이 시간에 저희들에게는 거룩하다 여기시고, 성도라 불러주시옵소서.

뉘우침과 회개 | 하늘나라를 바라보게 하셨으나, 여전히 땅의 것을 구하며 지냈던 지난 시간을 회개합니다. 땅의 것에 집착해서 저희들의 소망이 되신 주님을 붙잡는 데는 무관심한 죄인들이었습니다. 천국 백성이 된 삶의 원리에 따라 서로 돌아보아 사랑과 선행을 격려하지 못한 죄를 용서해주시옵소서.

오늘의 간구 | 죄를 지었던 삶에서 돌이켜 회개하고 모든 죄에서 떠

나는 용기를 주시옵소서. 저희들이 주님의 제자로 살아가도록 예수님의 생애를 닮는 은혜를 내려 주시옵소서. 주님을 닮는 삶을 위하여 기도를 쉬지 말게 하시옵소서. 하나님의 영광을 구하는 것이 저희들의 소원이 되게 하시옵소서.

하나님 아버지,

말씀의 은혜 | 오늘도 저희들을 위하여 진리의 말씀을 주심에 감사드립니다. 선포되는 말씀을 듣는 순간에 마음을 다하고, 성품을 다하여 여호와께 순종하겠다는 각오를 갖게 하시옵소서. 그 말씀이 천국시민의 계명이 되고, 법도가 되며, 율례가 되게 하시옵소서.

공동체를 위한 중보 | 성령님의 만져주심으로 살리시는 주님의 영광을 보게 하시옵소서. 잃었던 건강을 찾고 즐거워하는 것이 하나님의 뜻임을 믿습니다. 인자하신 얼굴로 치료하시는 은혜를 입게 하시옵소서.

저희 지체들의 가정과 기업과 소산을 지켜 주시고 아름답게 하시고 풍성하게 채워 주시옵소서. 자라나는 자녀들을 지켜 주셔서 허탄하고 망령된 신화를 좇지 않게 하시옵소서.

예수님의 이름으로 기도드립니다. 아멘.

주일 밤(찬양) 예배

기도를 인도해주는 말씀 _ 시 126:6

자비로우신 하나님,

○○의 지체들을 다시 모이도록 하셨음에 감사드립니다. 하늘나라에서의 기쁨을 지금, 맛보게 하시는 구원의 하나님을 향하여 즐거이 외치는 예배를 드리게 하시옵소서. 성령님의 충만하심이 있어 춤을 추며 기뻐하는 예배로 영광을 받으시옵소서.

지난 시간에, 주님의 뜻대로 살겠다고 기도하고 예배당을 떠났으나 살아온 발자취에는 죄의 걸음이었으니 용서해주옵소서. 성령님의 물로 씻어주시던지, 성령님의 불로 태워주시던지 저희들의 죄를 없애주시옵소서.

설교를 위하여 단 위에 세우신 목사님께는 영육간의 강건함을 주시옵소서. 그 말씀으로 주저앉았던 저희들이 다시 일어나는 체험을 주시옵소서. 우리 교회가 새로워지기를 빕니다.

보혜사 성령님께서 저희를 위하심에 감사드립니다. 성령님의 감동과 감화로 이 자리에 나왔으니, 영과 진리로 충만한 예배를 경험하게 하시옵소서.

예수님의 이름으로 기도드립니다. 아멘.

수요일 밤 예배
기도를 인도해주는 말씀 _ 히 10:19

크고도 크신 하나님

주님의 은혜 안에서 제각기 살던 저희들이 교회에 모였습니다. 사흘 만에 함께 한 오늘, 저희들은 서로 말하기를 '여호와는 크시다'라고 하게 하시며, 그 이름을 높여드리게 하시옵소서.

저희들의 모습은 하나님의 사람이라 부르기에 부족함을 솔직히 고백합니다. 올해는 주님의 뜻대로 살겠다고 하였으나 여전히 삶의 주인 자리를 지키고 있었음을 용서해주시옵소서.

성령님의 역사가 저희들 개인이나 교회에서 기적으로 나타나기를 소원합니다. 악하고 음란한 이 때, 저희들에게 더욱 부르짖는 간구의 소리가 있게 하시옵소서. ○○교회의 권속들이 성령님의 충만하심을 사모하도록 하시옵소서.

이 밤에도, 설교하시는 목사님께 영력을 더하셔서 생명의 말씀으로 저희들이 배부르게 하여 주시옵소서. 여호와의 모든 계명은 저희들을 위한 것임을 깨닫게 하시옵소서.

예수님의 이름으로 기도드립니다. 아멘.

3월 4주 ‖ 종려주일 - 전도의 달

주일 낮(대) 예배

기도를 인도해주는 말씀 _ 행 22:15
네가 그를 위하여 모든 사람 앞에서
네가 보고 들은 것에 증인이 되리라

호산나를 부르게 하신 하나님,

예배의 시작 | 종려주일을 지키도록 이 날을 주셨음에 십자가에 달리셨던 주님의 이름을 찬송하게 하시옵소서. 저희들에게도 그 때의 그 무리들처럼 호산나를 부르며 예수님을 찬송하는 은혜에 들어가게 하시옵소서. 저희들이 예배할 때, 호산나로 찬송하는 소리가 가득하게 하시옵소서.

뉘우침과 회개 | 여호와 앞에서 자신을 드리는 삶을 살지 못한 죄를 고백합니다. 저의 모든 것이 주께로부터 왔음에 하나님께 드리는데 인색하지 말았어야 하는데 그렇게 하지 못했음을 용서해주시옵소서. 자신의 욕심을 채우려는 습관에서 벗어나지 못하여 땅의 것들을 더 가지려는데 애쓰는 삶이었습니다.

오늘의 간구 | 하나님께서는 날마다 참으로 좋으신 아버지가 되어 주셨습니다. 주님의 넘치는 자비로우심으로 살아가게 하시옵

소서. 그 은혜가 이 주간에도 이어져, 때를 따라 돕는 은혜로 도우심을 믿습니다. 저희들의 삶이 물댄 동산과 같이 모자람이 조금도 없게 하시옵소서.

하나님 아버지,

말씀의 은혜 | 하나님의 말씀이 선포될 때, 마음의 문을 활짝 열고 듣게 하시옵소서. 목사님께서 하나님의 말씀을 전하실 때, 저희들은 은혜 속에서 듣기 원합니다. 하나님의 말씀에 저희 모두 아멘으로 대답하게 하옵소서. 그 말씀에 대한 응답으로 우리 하나님께 찬양을 드리게 하시옵소서.

공동체를 위한 중보 | 자기의 자녀를 아프게 하시다가 싸매시며, 상하게 하시다가 그의 손으로 고치시는 하나님을 바라봅니다. 질병에 걸려서 간절한 마음으로 하나님의 긍휼을 기다리는 이들에게 자비를 베풀어 주시옵소서.

저희들에게 베풀어 주신 그 모든 은혜를 생각할 때, 끝이 없는 감사를 드립니다. 주님의 은혜로 저희들이 ○○ 교회의 존귀한 지체가 되었으니 저희들 서로가 이 땅에서 사는 날 동안에 사랑으로 섬기기를 더하게 하시옵소서.

예수님의 이름으로 기도드립니다. 아멘.

주일 밤(찬양) 예배
기도를 인도해주는 말씀 _ 시 107:37

주님의 고난을 묵상하게 하신 하나님,
예수님의 십자가 보혈로 새롭게 된 것을 감사드립니다. 하나님의 사랑으로 영원한 생명의 삶이 되게 하시니 감사드립니다. 주일을 보내면서 하나님의 이름에 합당한 영광을 드리는 예배가 되게 하시옵소서.

저희들에게도 자신이 감당해야 하는 남은 고난을 고의로 피한 죄를 고백합니다. 마음이 교만하여 여호와 앞에서 악을 행하였으니 용서해주시옵소서. 순간적인 자신의 유익을 구하느라 하나님의 뜻을 멀리 했던 죄악을 갈보리의 피로 씻어주시옵소서.

강단에 세우신 종을 통해서 하나님의 말씀이 온전히 선포되게 하시옵소서. 우울하고 약한 우리 마음에 심어져 힘이 되게 하시옵소서. 그 말씀에 순종과 부복으로 따르게 하시옵소서.

예배 중에, 더욱 성령님의 충만하신 임재를 누리게 하시며, 성령님께 마음을 드리게 하시옵소서. 성령님께 감격해서 예배할 때, 주님의 옷 가에 손을 대는 은혜를 보게 하시옵소서.

예수님의 이름으로 기도드립니다. 아멘.

수요일 밤 예배
기도를 인도해주는 말씀 _ 엡 2:13

거룩하신 하나님,

흩어진 교회로 지내던 ○○의 지체들이 이 시간에, 모이는 교회로 하나님의 전을 찾았습니다. 지금, 여호와의 인자하심과 그 거룩하심이 온 세상에 알려지기를 소망합니다.

여호와의 은혜로 사는 이상, 늘 감사하며 지냈어야 함에도 그러하지 못했으니 용서해주시옵소서. 여호와의 불이 임하여 죄가 태워지고, 그릇된 생각들이 불살라져 변화시켜 주시옵소서.

뜨거웠던 가슴이 어느새 식어지고, 담대했던 결단이 흐지부지해지는 저희들을 일으켜 주시옵소서. 성령님의 충만하심으로 영안이 열려지게 하시옵소서. 형식적으로 흐르는 신앙생활에 활력을 주시옵소서. 미지근해지는 삶에 새로움을 주시옵소서.

지금, 강단에서 베풀어 주시는 신령한 식탁으로 인해 천국 잔치의 기쁨을 누리는 한 시간이 되게 하시옵소서. 거룩한 지체들에게 생수와 같고, 송이 꿀과 같은 말씀을 받게 하시옵소서. 하나님의 말씀을 받아 따르고 지키게 하시옵소서.

예수님의 이름으로 기도드립니다. 아멘.

3월 5주 ‖ 부활주일 - 전도의 달

주일 낮(대) 예배
기도를 인도해주는 말씀 _ 행 4:29

주여 이제도 그들의 위협함을 굽어보시옵고 또 종들로 하여금
담대히 하나님의 말씀을 전하게 하여 주시오며

우리를 굽어보시는 하나님,

예배의 시작 | 다시 살아나신 주님의 이름을 찬송하기 위하여 머리를 숙였습니다. 주님께서 무덤을 깨뜨리도록 해주신 하나님의 이름에 합당한 영광을 드리게 하시옵소서. 사랑하는 지체들이 아버지 하나님의 이름을 영화롭게 해드리게 하시고, 영과 진리로 예배하게 하시옵소서.

뉘우침과 회개 | 주님을 섬기면서 봉사할 때, 다툼이나 허영으로 하지 말라고 하셨으나 사실은 정반대로 행했던 죄를 고백합니다. 오직 겸손한 마음으로 각각 자기보다 남을 낫게 여기라는 말씀과는 거리가 멀었던 행동을 용서해주시옵소서. 봉사를 통하여 주님의 기쁨을 충만케 해드리지 못했음을 용서해주시옵소서.

오늘의 간구 | 예배하러 나온 ○○ 교회의 권속들에게 하늘의 문을 열어 주시옵소서. 믿음이 연약한 심령들에게는 강하고 담대한 믿음을 허락해 주시옵소서. 오늘, 말씀에 갈급하고 굶주린 심령들에게는 말씀의 충만함이 있는 예배이기를 빕니다.

하나님 아버지,

말씀의 은혜 | 오늘의 예배에서도 말씀을 듣게 하시니 감사드립니다. 목사님에 의해서 준비된 하나님의 말씀에 귀를 기울이고, 순종으로 응답하게 하시옵소서. 그 말씀이 선포될 때, 주님의 백성들이 하나님께만 거룩함을 나타내게 하시옵소서.

사역을 위한 중보 | 이 예배를 위해서 여러 종들이, 여러 모습으로 봉사할 때, 여호와께 향기로운 제사가 되게 하시옵소서.

공동체를 위한 중보 | 질병으로부터 자유하게 하시는 은혜가 이 시간에 ○○ 교회의 성도들에게 주어지기 원합니다. 모든 이들이 절망할 수밖에 없는 상황에 처해져도 주님께서 붙잡아 주시면 나음을 받을 것을 믿습니다.

주님의 보혈로 맺어진 지체들이 되었으니 희락의 공동체가 되게 하심을 빕니다. 이 시간에, ○○의 성도들에게 하늘의 문이 열리고, 성령님의 충만하심에 들어가게 하시옵소서.

예수님의 이름으로 기도드립니다. 아멘.

3월 예배 대표 $^+$ 기도문

주일 밤(찬양) 예배
기도를 인도해주는 말씀 _ 눅 5:4

부활의 승리를 주신 하나님,
부활하신 주님으로 말미암은 영광이 다 주께 있음을 찬송합니다. 구원의 하나님을 향하여 즐거이 외치는 예배를 드리게 하시옵소서. 주님께서 죽음을 이기셨음을 찬양하며, 기뻐하는 예배로 영광을 받으시옵소서.
죄를 사해주시는 은혜로 저희들의 눈이 밝아지고, 마음은 정결하게 되기 원합니다. 부활이 없는 자들처럼 영생에 대하여 무관심하게 지내왔음을 용서해주시옵소서. 부활신앙의 확신으로 새롭게 빚어지는 은혜 안으로 들어가도록 하시옵소서.
목사님의 설교를 통해서 예수님의 십자가로 죄의 문제가 해결되었음을 확인하게 해주시옵소서. 하늘나라의 백성으로 살아가려는 다짐을 새롭게 하게 다짐하도록 도와주심을 원합니다.
초대교회의 성도들처럼, 저희들도 교회에 모여 가르침을 받게 하시옵소서. 하나님의 사랑을 누리며 살아가게 하시옵소서. 서로 모이기를 기뻐하며, 사귐을 갖게 하시옵소서.
예수님의 이름으로 기도드립니다. 아멘.

수요일 밤 예배
기도를 인도해주는 말씀 _ 요 6:56

그리스도로 충만하게 하시는 하나님,
부활신앙의 증인들이 다시 주님의 전에 모였습니다. 여호와 하나님께 노래를 불러드리기 위해서 한 자리에 앉았사오니, 구원의 반석을 향하여 즐거이 찬양하는 저희들이 되게 하시옵소서.
이 시간에, 저희들의 허물을 보게 됩니다. 자기의 좋은 생각에 따라 멋대로 살던 행실을 용서해주시옵소서. 주님의 용서와 긍휼로 더러움을 깨끗이 씻어 주시고, 불쌍히 여기시옵소서.
하나님께서 불러주셨으니, 거룩한 시간에 천국의 자녀 됨을 풍성히 누리면서 하나님과의 인격적인 만남을 경험하는 복을 누리게 하시옵소서. 주님의 은혜로 구원을 받은 천국의 백성들이 이 밤에 위로부터 내려오는 성령을 받게 하시옵소서.
말씀으로 저희에게 여호와 하나님을 사랑하도록 권면하시는 하나님을 바라보기 원합니다. 강단에 오르신 목사님께 능력으로 함께 해주시옵소서. 오늘도 영생의 말씀으로 저의 삶을 지어 주시옵소서. 그 말씀에 순종하므로 열매를 맺기를 원합니다.
예수님의 이름으로 기도드립니다. 아멘.

4월 1주 ‖ 성장의 달

주일 낮(대) 예배

기도를 인도해주는 말씀 _ 엡 4:15
오직 사랑 안에서 참된 것을 하여 범사에 그에게까지 자랄지라
그는 머리니 곧 그리스도라

무릎을 받으시는 하나님,

예배의 시작 | 우리 하나님께 예배하는 이 모임에, 그 누구도 스스로 나올 수 있었던 것은 아닙니다. 구원의 은혜, 의롭다 여겨주신 사랑에 감사하면서 경배를 드리게 하시옵소서. 좀 더 무릎을 꿇게 하시고, 허리를 굽히게 하시옵소서. 베풀어주신 은혜와 사랑에 감사하면서 영광을 드리게 하시옵소서.

뉘우침과 회개 | 그리스도 예수 안에 있는 은혜 속에서 강해지는 삶을 살지 못했음을 회개합니다. 그리스도 예수의 좋은 군사로 나와 함께 고난을 받는 것도 거절하기를 좋아했음을 회개합니다. 주님께서는 저희들이 자기 생활에 얽매이지 않기를 바라셨지만, 생활에 얽매이며 지냈음을 용서해주시옵소서.

오늘의 간구 | 우리 주 예수님께서 십자가에 달려 피를 흘려 죽으시고, 죽음의 권세를 이기셔서 다시 사신 감격으로 살아가게 하

핵심주제 예배 대표⁺기도문

시옵소서. 주님께서 사람들에게 죽임을 당하신 것으로 끝났다면, 이 달은 잔인한 계절이겠으나 부활하셨으니 승리의 계절입니다. 죽음을 이겨 부활의 첫 열매가 되신 때에 주님의 승리를 찬송하면서 지내게 하시옵소서.

하나님 아버지,

말씀의 은혜 | 저희 교회와 성도들이 꼭 듣고, 순종해야 할 말씀이 선포되게 하시옵소서. 그 진리의 은혜를 통해서 다른 사람의 도움이 없이는 살아가기 힘든 고아와 과부를 돌아보시는 하나님을 배우게 하시옵소서. 오늘의 짧은 시간의 예배의식으로만 장애인들을 사랑하려 하지 않기 원합니다.

공동체를 위한 중보 | 원하지 않았던 질병으로 신음 중에 있는 이들을 불쌍히 여겨주시옵소서. 자신을 고통으로 몰아넣은 병에서 고침을 받고자 주님의 손길을 사모하게 하시옵소서.

성령께서 친히 오셔서 뜨겁게 하시고 강권하여 주시옵소서. 이곳에 오셔서 약한 것을 강하게 하시고 무너진 곳을 보수하여 주시옵소서. 우리의 삶을 붙들어 말씀 앞에 서게 하시고 주님의 마음에 합당한 자들이 되게 하시옵소서.

예수님의 이름으로 기도드립니다. 아멘.

주일 밤(찬양) 예배
기도를 인도해주는 말씀 _ 빌 3:10

주일에 충만하신 하나님,

주일이 지나기 전에, 다시 모여서 하나님을 부르게 하시니 감사드립니다. 예배하는 이 시간에 교회의 지체들이 예비 된 은혜를 누리게 하시옵소서. 저희들의 심령의 그릇마다 하늘의 문이 열리고 쏟아지는 은혜를 받아 누리게 하시옵소서.

부활에의 소망이 없이 살아온 죄를 회개합니다. 하늘을 사모해야 하면서도 눈에 보이는, 마음을 즐겁게 하는 것에 매달려 땅에 박혀 지낸 삶을 용서해주시옵소서. 주님의 삶에 주목하지 못했고, 주님이 없는 삶을 살뿐이었음을 측은히 여기시옵소서.

오직 주님의 은혜로 하나님의 말씀을 가까이 하게 하시옵소서. 하나님의 말씀을 마음의 문을 활짝 열고 받게 하시옵소서. 그 말씀을 생명의 양식으로 받아 심령이 배부르게 하시옵소서.

새 봄을 맞이해서 나무를 심어 황폐한 땅을 푸르게 하려는 때입니다. 저희들도 하나님 앞에서 좋은 나무로 심기고, 자라서 아름다운 열매를 맺으려는 소망을 갖게 하시옵소서.

예수님의 이름으로 기도드립니다. 아멘.

수요일 밤 예배
기도를 인도해주는 말씀 _ 고전 15:20

만유 위에 계신 하나님,
여호와의 시간에 모이게 하셨으니 즐거워하게 하시옵소서. ○○교회가 좋고, 성도들의 만남이 즐겁게 하시옵소서. 기업으로 주신 삶의 터전에서 지내게 하셨던 하나님의 은혜를 묵상합니다.
이 밤에도, 저희를 죄악이 관영한 곳에 머물러서 지냈던 죄를 고백합니다. 늘 죄짓는 생활뿐이었음을 회개합니다. 죄의 사유하심을 바라니, 십자가의 보혈로 정하게 씻어주시옵소서.
저희들이 이 달에는 부활 신앙의 증인으로 살아가기를 소원합니다. 초대교회의 성도들이 주님의 부활하심을 증거하며 살았던 삶을 저희들이 따르게 하시옵소서. 예수님께서 십자가에 달려 죽으시고, 다시 살아나셨음이 저희들의 신앙에 전부가 되게 하시옵소서.
목사님을 대언자로 세우셔서 하늘 양식의 말씀을 진설하게 하심을 감사드립니다. 그 말씀으로 지금, 저희들에게 자신의 뜻을 전하시는 하나님의 음성을 듣게 하시옵소서.
예수님의 이름으로 기도드립니다. 아멘.

4월 2주 ‖ 성장의 달

주일 낮(대) 예배
기도를 인도해주는 말씀 _ 시 92:12

의인은 종려나무 같이 번성하며
레바논의 백향목 같이 성장하리로다

영광을 받으셔야 하시는 하나님,

예배의 시작 | 영광을 받으셔야 하는 이스라엘의 주님 앞으로 나아옵니다. 그 이름 앞에 무릎을 꿇어 자복하면서 영광을 드리게 하시옵소서. 이 복된 날에, 하나님께서 정하신 방법에 따라 예배를 드리니 받아 주시옵소서. 그리고 머리를 숙인 저희들에게는 여호와 앞에서 영원히 성민이 되게 하시옵소서.

뉘우침과 회개 | 게으르지 않고 믿음과 오래 참음으로 살아야 하였지만, 나태하였고, 쉽게 분노하고, 쉽게 짜증을 내며 지내온 죄를 용서해주시옵소서. 천국의 약속들을 기업으로 받는 자들로서의 모습은 흐트러졌음을 용서해주시옵소서. 이제, 육신의 생각과 소욕에 매이는 죄를 벗어버리도록 인도해 주시옵소서.

오늘의 간구 | ○○의 성도들이 주님의 몸이 되어서 사명을 감당하

게 하시옵소서. 저희들이 담임 목사님을 도와 교회가 교회되도록 하는 일에 전심을 쏟게 하시옵소서. 목회에 소용되는 재정의 부담도 즐겨 담당하게 하시며, 구제와 봉사에도 사명을 감당해내는 공동체가 되게 하시옵소서.

하나님 아버지,

말씀의 은혜 | 우리 ○○ 교회가 말씀이 풍성하고 사랑이 넘치는 교회가 되도록 이끌어 주시옵소서. 이 한 시간 온전한 마음으로 말씀을 받게 하시고 정성된 기도를 드릴 수 있도록 성령님께서 주관하시옵소서. 진리의 말씀이 넘쳐흐르는 강단을 통해 이 교회가 더욱 든든하게 하시옵소서.

공동체를 위한 중보 | 예수님께서 병든 자들을 고쳐 주셨던 은혜를 기억합니다. 육신의 질병으로 고통당하고 있는 심령들에게 지금 주님의 권능의 오른팔로 병을 고쳐주시옵소서. 잃었던 건강을 회복시켜 주시옵소서.

하나님께서 "자기의 기쁘신 뜻을 위하여 너희로 소원을 두고 행하게 하시나니"라고 약속하셨습니다. 이 약속이 이루어져서, 무엇을 하면서 주님께서 세상에 다시 오시는 날까지 살아야 하는지를 밝히 보여 주시옵소서.

예수님의 이름으로 기도드립니다. 아멘.

4월 예배 대표⁺ 기도문

주일 밤(찬양) 예배
기도를 인도해주는 말씀 _ 요 6:54

성소에서 찬양받으실 하나님,
이 밤에 다시 모인, 복된 자녀들이 목소리를 높여 주님의 이름을 찬송합니다. 이 복된 자리에서, 여호와를 예배할 때, 신령과 진정으로 예배하게 하시옵소서. 구원의 하나님께 예배드림이 마음을 다하고, 뜻을 다하는 생명의 축제가 되게 하시옵소서.
하나님께서는 저희들의 어리석음을 아시니, 저희들을 가르쳐 기도하게 하시옵소서. 그리고 저희들의 연약함도 아시니, 저희들을 가르쳐 굳세게 되는 힘을 구하게 하시옵소서. 저희들을 가르쳐 주님의 겸손을 배우게 하시옵소서.
주님의 몸 된 교회를 위하여 수고하시는 담임 목사님께 은혜와 진리로 충만케 하여 주시옵소서. 부활절의 메시지를 전하시려는 그의 입술에 대언하는 아름다움이 있게 하시옵소서.
이제, 교회의 부흥을 위해서, 때로는 저희 자신들의 삶에 주님의 영광을 드러내기 위해서 참아야 함을 배우게 하시옵소서. 주님의 이름으로 참아 성령님의 열매를 맺게 하시옵소서.
예수님의 이름으로 기도드립니다. 아멘.

수요일 밤 예배
기도를 인도해주는 말씀 _ 히 10:14

여호와살롬의 하나님,

여호와의 보호하심으로 평안했던 지난 사흘 동안의 은혜를 찬양하게 하시옵소서. 자기 백성을 돌보아 주시는 하나님의 열심을 찬양하며, 하나님께 감사로 나아가게 하시옵소서.

하나님을 섬기고, 순종하는 삶에 신실하지 못하였음을 회개합니다. 하나님께서는 좋은 것으로 주셨지만 저희들은 주님께 드리는 데 인색하였습니다. 시간이나 재물을 드리지 못했으며, 순종하는 행실에도 부족하였음을 용서해주시옵소서.

저희들의 손과 발을 민첩하게 하사, 주님의 일을 위하여 쓰게 하시옵소서. 고난을 당하고 있는 자들과 외로운 자들에게 위로의 손길을 펼 수 있게 하시며, 타락한 자들을 붙들어 주며, 불쌍한 자들에게 주님의 사랑을 나타내게 하시옵소서.

이 시간에 주시는 말씀에 진리로 충만한 교회가 되게 하옵소서. 말씀을 전하실 목사님께 성령의 기름을 부어 주심을 간구합니다. 말씀으로 성령의 강림하시는 은혜로 들어가게 하시옵소서.

예수님의 이름으로 기도드립니다. 아멘.

4월 예배 대표⁺ 기도문

4월 3주 ‖ 성장의 달

주일 낮(대) 예배
기도를 인도해주는 말씀 _ 딤전 4:15

이 모든 일에 전심 전력하여 너의 성숙함을
모든 사람에게 나타나게 하라

성도들을 모이게 하신 하나님,

예배의 시작 | 이 시간에, 하나님께만 영광을 드리려는 기대와 소망을 담아 예배합니다. 저희들의 심령이 예배하기를 기뻐하는 마음으로 충만해지게 하시옵소서. 여호와 우리 하나님이여, 영광을 받으시고, 우리는 영원히 주님 앞에서 살아가기를 다짐하게 하시옵소서.

뉘우침과 회개 | 주님께서는 저희들을 지옥불에서 건져주시며 서로 용서하라 하셨건만 용서를 못하고 살아왔음을 회개합니다. 마음을 상하게 한 이들에 대하여 이해해 주지 못하고, 너그럽지 못한 태도를 보였습니다. 주님께로부터 용서를 받았으니, 용서를 하지 못하고 마음에 분을 담고 있음을 용서해주시옵소서.

오늘의 간구 | 예배로 모인 지금, 회개의 영이 들추어내시는 그대로

죄악을 고백하고, 용서를 받는 은혜의 기쁨을 주시옵소서. 저희들의 마음속에 험한 그리스도의 십자가를 새겨봅니다. 갈보리 산 위에 세워진 주님의 십자가에 얼룩진 핏자국을 보게 하시옵소서. 죄인들을 구원하시려고 십자가를 지신 주님께 우리 자신을 드리는 시간이 되게 하시옵소서.

하나님 아버지,

말씀의 은혜 | 이 시대를 향한 주님의 음성을 담아내기 위해서 말씀을 전하시는 목사님도 성령으로 충만하게 하시옵소서. 강단에서 선포되는 주님의 말씀이 저희를 비추는 거울이 되어 주시기 원합니다. 그 말씀이 영혼을 살리는 양식이 되기 원합니다.

공동체를 위한 중보 | ○○ 교회의 성도들 가운데 질병으로 고통 중에 있는 식구들에게 회복의 은혜를 내려 주시기 원합니다. 일어나라 말씀해 주심으로써 기쁨을 보게 하시옵소서.

하나님의 사랑을 받고 있는 지체들에게 어떤 어려움이 저희들에게 닥쳐와도 기도하는 혀를 막지 못하고, 찬송하는 입술을 닫지 못함을 믿습니다. 늘 기도와 찬송으로 살아가고자 소원하게 하시옵소서. 오늘, 말씀에 갈급하고 굶주린 심령들에게는 말씀의 충만함이 있는 예배이기를 빕니다.

예수님의 이름으로 기도드립니다. 아멘.

4월 예배 대표⁺기도문

주일 밤(찬양) 예배
기도를 인도해주는 말씀 _ 행 1:22

자기 백성을 기뻐하시는 하나님

주님의 이름으로 다시 모였으니, 영광을 받으시옵소서. 오직 마음을 다 드리는 지금, 감사로 제사하는 저희들이 되어 여호와의 영광을 인정하게 하시옵소서. ㅇㅇ의 지체들, 짧은 시간의 예배 속에서 하나님께의 영광에만 주목하게 해주시기를 빕니다.

여호와께 죄를 고백하려 하니 회개의 은혜를 내려주시옵소서. 죄악을 찾아내어 낱낱이 자복하게 하시옵소서. 저희들이 죄를 자복할 때, 아무도 멸망하지 않고, 다 회개하기에 이르기를 원하심을 믿습니다. 사유하시는 은혜로 깨끗케 하시옵소서.

강단에 세우신 목사님을 권능으로 붙잡아 주시옵소서. 목사님의 말씀에 귀를 기울이게 하시옵소서. 그 말씀으로 새 생명을 얻은 기쁨 속에 살아가는 저희들이 되게 하시옵소서.

교회 안에서 주님의 사랑을 베푸는 저희들의 교회가 되기 원합니다. 저희들이 주님의 참으심을 닮아 ㅇㅇ의 공동체로서 하나님의 영광을 나타내려는 소망을 갖게 하시옵소서.

예수님의 이름으로 기도드립니다. 아멘.

수요일 밤 예배

기도를 인도해주는 말씀 _ 살전 4:14

하늘에 계시 아버지 하나님,

하나님께 정해진 시간에, 예배하도록 정해진 장소에 ○○의 지체들이 모이게 하셨음에 감사드립니다. 교회를 중심을 살던 저희들에게 여호와께 충성하게 하심을 믿습니다,

여호와의 은혜는 매일 저희들에게 풍성하게 살도록 하셨으나 욕심의 미혹에 빠져 죄를 짓게 되었습니다. 이 시간에, 죄를 내어놓고 고백할 때, 용서해주시옵소서. 주님의 피 공로로 인한 사유하심의 은총으로 깨끗이 씻어 주시옵소서.

이 시간에, 하나님의 뜻을 이루어 드리는 손과 발이 되기를 결단하게 하시옵소서. 성경의 사람들이 믿음으로 살았던 것처럼 저도 그 길을 있게 하시옵소서. 세상을 위하여 일을 하신 하나님의 손길을 찬양하는 복된 예배로 인도해 주시옵소서.

이 시간에, 선포되는 주님의 말씀이 저희를 비추는 거울이 되어 신앙으로 바로 서기를 원합니다. 위로의 말씀으로 연약한 심령을 강하게 해주시며, 그 은혜에 찬양을 드리게 하시옵소서.

예수님의 이름으로 기도드립니다. 아멘.

4월 4주 ‖ 성장의 달

주일 낮(대) 예배
기도를 인도해주는 말씀 _ 계 3:19

무릇 내가 사랑하는 자를 책망하여 징계하노니
그러므로 네가 열심을 내라 회개하라

우리를 받아주시는 하나님,

예배의 시작 | 날마다 저희들을 가엾게 여기시는 은혜에 감사의 찬양을 올려드리니 받으시옵소서. 여기에, 사랑을 입은 아버지의 자녀들이 나아갑니다. 저희들 모두 함께 거룩한 예배의 자리로 나아갑니다. 목소리 합하여 전능하신 하나님을 찬양하게 하시옵소서. 영과 진리에 충만하여 경배를 드리게 하시옵소서.

뉘우침과 회개 | 그리스도께서 저희들의 마음에 계시기를 구하지도 못하고 눈으로 보는 것들로 마음을 채우기에 바빴음을 고백합니다. 볕이 뜨면 사라지고 마는 안개와 같은 것들을 영원한 것과 바꾼 죄를 용서해 주시옵소서. 이제, 하나님의 모든 충만하신 것으로 충만하기를 구하게 하시옵소서.

오늘의 간구 | 놀라우신 주님의 은혜에 찬송으로 보답합니다. 전능

하심과 크심으로 저희들을 악의 세력으로부터 보호해 주셨음으로 말미암아 감사드립니다. 여러 가지의 유혹에서 건져주셨음에 감사의 찬양을 드리게 하시옵소서.

하나님 아버지,

말씀의 은혜 | 설교를 준비하신 목사님께 힘을 더하셔서 권세가 있는 말씀을 선포할 수 있게 하시옵소서. 오늘도 준비된 말씀을 아멘으로 받으며, 말씀에 순종하고자 하는 다짐이 있기 원합니다. 여호와를 경배하는 마음으로 말씀을 받아 하나님과의 만남을 경험하게 하시옵소서.

공동체를 위한 중보 | 상심한 자들을 고치시며 그들의 상처를 싸매시는 하나님의 은혜를 소망합니다. 질병으로 고통 중에 있는 ○○의 환우들을 눈동자처럼 보호하사 쾌유하게 하시옵소서. 약속의 말씀을 소망하는 성도들에게 그대로 이루어 주시옵소서. 인생이라는 바다를 항해할 때, 믿음으로 살아갔던 선진들의 길을 본받아 하늘에 소망을 두고 살아가게 하옵소서. 인자하신 손길로 우리들의 필요에 따라 공급하여 주시고, 한 주간을 풍성하게 살게 하셨으니 감사로 나아가게 하시옵소서.

예수님의 이름으로 기도드립니다. 아멘.

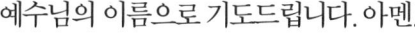
4월 예배 대표⁺ 기도문

주일 밤(찬양) 예배
기도를 인도해주는 말씀 _ 고전 15:52

인자를 베푸시는 하나님,
주일의 복으로 하루를 충만하게 보내게 해주셨음을 기억하면서 찬양을 드립니다. 주일을 통해서 천국에서의 한 날을 경험하게 하시니 감사드립니다. 이 밤에 다시 불러, 내려주시는 신령한 식탁으로 인해 천국의 은혜를 누리게 하시옵소서.
잘못된 일들을 보면서도 불의한 일이라고 용감하게 말하지 못하였음을 용서해주시옵소서. 한번 가면 다시 오지 않는 주님의 시간에 쓸데없는 일에 몰두한 채 주님의 일을 찾지 않았던 죄를 용서해주시옵소서.
말씀을 전하실 목사님에게 영력을 더하시기 원합니다. 세상을 이기신 주님의 음성을 전하시게 하시옵소서. 하나님의 대언자로서 생명력 넘치는, 살아 있는 말씀으로 전해주시기를 빕니다.
하나님의 사랑이 저희들을 섬기기 위해 십자가를 지신 예수님으로 나타났음에 감사드립니다. 저희들의 모습에서 죽음을 이기시고, 다시 살아나신 예수님이 드러나게 하시옵소서.
예수님의 이름으로 기도드립니다. 아멘.

수요일 밤 예배
기도를 인도해주는 말씀 _ 고후 5:15

여호와닛시의 하나님,

하나님께서 주신 기업에서 열심히 지내던 ○○의 지체들이 하나님을 앙망하기 원합니다. 오늘, 기도회로 모인 날에 십자가의 보혈을 바라보고 구원의 은혜를 찬양하게 하시옵소서.

저희들의 죄 된 모습에 부끄럽습니다. 허물과 죄로 추해진 모습을 고백합니다. 바리새인과 다름이 없었던 종교적인 신앙을 거절하기를 원합니다. 십자가의 능력으로 용서해주시옵소서.

저희들, 교회의 권속이 하나님께서 주신 시간을 아껴 살게 하시옵소서. 지혜 있는 지체들이 되어서 시간을 아껴 성령님의 열매를 맺는데 사용하게 하심을 즐거워합니다. 오직 착한 행실을 통해서 주님을 영화롭게 해드리기를 사모하게 하시옵소서.

이 밤에, 목사님을 강단에 세워주셔서 감사드립니다. 저희들은 주님의 백성들에게 하늘의 양식으로 배불리실 것을 기대합니다. 복된 예배 시간으로 말미암아 하나님의 말씀이 저희들의 영혼을 살리는 역사가 있기를 소망하게 하시옵소서.

예수님의 이름으로 기도드립니다. 아멘.

4월 예배 대표⁺ 기도문

5월 1주 ‖ 어린이주일 - 가정의 달

주일 낮(대) 예배
기도를 인도해주는 말씀 _ 출 20:12

네 부모를 공경하라 그리하면 네 하나님 여호와가
네게 준 땅에서 네 생명이 길리라

어린이들을 주신 하나님,

예배의 시작 | ○○의 지체들이 천국을 바라보는 소망의 공동체가 되었음에 하나님께로 나와 머리를 숙였습니다. 어린이주일을 맞이해서 여호와의 이름에 합당한 영광을 드리게 하시옵소서. 저희들이 한 몸이 되어서 하늘을 우러러 바라보며 여호와의 이름을 경배하게 하시옵소서.

뉘우침과 회개 | 저희들 자신의 영생에 이르는 삶을 위해 기도해야 하였으나 깨어있지 못하였습니다. 기도를 하지 않으니 감사하는 것도 잊고 지냈습니다. 전도할 문이 열리기를 간구해야 하는 거룩한 의무에도 소홀한 죄를 용서해 주시옵소서. 사유하시는 은총으로 새롭게 다짐하여 여호와를 앙망하게 하시옵소서.

오늘의 간구 | 푸르른 5월의 대지로 친히 초대해 주시고, 위로해 주

시는 여호와 앞에서 언제까지라도 머무르고 싶은 소망을 주시옵소서. 5월의 하늘 아래에서 아이들은 무럭무럭 자라고, 저희들은 가족의 기쁨을 누리고 있으니 감사하게 하시옵소서. 주님의 백성들이 이 달에는 가족들과 함께 하며 감사로 영광을 드리기 원합니다.

하나님 아버지,

말씀의 은혜 | 강단에 세우신 종을 통해서 하나님의 말씀이 온전히 선포되게 하시옵소서. 그 말씀으로 주저앉았던 저희들이 다시 일어나는 체험을 주시옵소서. 저희들은 진리에 대한 응답으로 주님을 저희의 희망과 위로로 삼게 하시옵소서.

공동체를 위한 중보 | 참기 어려운 시간을 보내고 있으나 질병이라는 사실만 보는 데 그치지 않게 하시고 병고의 뒤에서 움직이시는 하나님의 손을 보게 하시옵소서. 그 사랑의 손을 내밀어 주옵소서.

저희들의 가정을 보살펴 주시고 부부간에 사랑과 신뢰로 하나되게 하옵소서. 부모와 자식 간에 애정과 존경으로 뭉쳐지게 하시고 형제와 친척 간에 돌봄과 관심으로 사랑의 줄이 이어지게 하시옵소서.

예수님의 이름으로 기도드립니다. 아멘.

5월 예배 대표⁺ 기도문

주일 밤(찬양) 예배
기도를 인도해주는 말씀 _ 요삼 1:5

어린이들을 주신 하나님,

오늘, 어린이들을 축복해주셨음에 감사드립니다. 저희들의 가정마다 태를 여시고, 자녀들을 주셨음에 감사드립니다. 그들을 양육하라고 맡겨주셨으니, 여호와께 존귀한 자녀들이 되도록 키우게 하시옵소서.

어린이와 같이 되라 하셨지만 그러하지 않으려 했음을 회개합니다. 저희들은 꾀를 쓰기에 익숙해졌고, 오만함의 죄를 지었음을 자복합니다. 살아가는 시간이 많아질수록 하나님보다는 인간적인 욕망에 더욱 끌려가고 있음을 용서해주시옵소서.

말씀을 전하실 목사님을 영력으로 붙잡아 주시옵소서. 하나님 앞에서 자녀를 양육해야 하는 사명을 다시 깨닫는 말씀을 듣기를 원합니다. 온 교회가 하나님의 말씀에 순종하게 하시옵소서.

예수님께 달려오기를 좋아하였던 어린이의 마음으로 저희의 가슴을 채워 주시옵소서. 바르지 못한 거짓으로 자신을 꾸미지 않는 어린이만의 정직으로 살아가게 하시옵소서.

예수님의 이름으로 기도드립니다. 아멘.

수요일 밤 예배
기도를 인도해주는 말씀 _ 엡 6:2

우리에게 복이 되시는 하나님,

5월에 들어서면서, 저희들의 가정에 복을 내려 주시는 하나님의 사랑을 느낍니다. 성령님의 화평케 하시는 은혜 안에서 의의 열매를 맺어 가는 가정들이 되게 하심에 즐거워하게 하시옵소서.

돌이켜보니, 가족과 일가친척의 복음화에 무관심했던 죄를 고백합니다. 생명의 시간을 주신 동안에, 하나님의 자녀로서, 복음의 증인으로서 사는데 부족하였음을 불쌍히 여기시옵소서.

저희들이 이 달에는 부모를 공경하는 삶을 실천하기를 소원합니다. 하나님은 좋으신 아버지시라 우리를 지켜주시되, 육신의 부모에 의해서 이만큼 살게 하셨습니다. 이 좋은 시간에 예배할 때, 부모에게 공경하기를 다짐하게 하옵소서.

부모에게 순종하는 삶을 다짐하는 은혜를 주시려고 목사님을 단에 세우셨음에 감사드립니다. 성령님께서 주관하셔서 이 백성들이 부모를 통해서 받아 누리게 되는 복을 주시는 말씀을 듣게 하시옵소서.

예수님의 이름으로 기도드립니다. 아멘.

5월 예배 대표⁺ 기도문

5월 2주 ‖ 어버이주일 - 가정의 달

주일 낮(대) 예배
기도를 인도해주는 말씀 _ 엡 6:4

또 아비들아 너희 자녀를 노엽게 하지 말고
오직 주의 교훈과 훈계로 양육하라

부모를 공경하도록 하신 하나님,

예배의 시작 | 어버이주일에 여호와를 경배하게 하시옵소서. 부모를 공경함을 통해서 하나님을 섬겨온 저희들입니다. 이 좋은 날에 사랑하는 지체들이 영원한 아버지이신 하나님을 공경해 드리는 예배의 한 시간이 되게 하시옵소서. 부모님에 대한 저희들의 각오를 새롭게 하며, 영과 진리로 예배하게 하시옵소서.

뉘우침과 회개 | 예수님 안에 있는 믿음과 사랑으로 살라고 하셨으나 말씀에 순종함에 모자랐습니다. 성령으로 말미암아 받은 순종의 아름다운 것도 지키지 못했음을 고백하니 용서해주시옵소서. 이제는 여호와의 은총을 구하면서 은혜의 바다로 나아가게 하시옵소서.

오늘의 간구 | 하나님 앞에서 ○○ 교회의 지체들이 가정에서의 교

회를 사모하게 하시옵소서. 여호와의 은혜로 저희들이 가정이 천국생활의 모형이 되게 하심을 빕니다. 가족의 구성원들이 서로를 섬기고, 사랑하면서 하나님의 나라를 이루어나가게 하시옵소서. 부모와 자녀들이 무릎을 맞붙이고, 생명의 단을 쌓게 하시옵소서.

하나님 아버지,

말씀의 은혜 | 저희들을 사랑하셔서 진리의 식탁으로 이끌어 주시옵소서. 이 복된 시간에 살리시는 주님의 말씀으로 ○○교회 공동체를 새롭게 하시옵소서. 오직 하나님의 위로와 소망을 바라며 사는 저희들에게 힘이 되는 말씀이기 원합니다.

사역을 위한 중보 | 공동체를 위한 중보 | 저희들 중에는, 힘들어하는 지체들이 있습니다. 연로하신 어르신들, 병약한 환우들, 더위에 지치지 않게 하시옵소서. 오랜 질병으로 병상에 있는 이들이 더위 때문에 더욱 고통스럽지 않게 하시옵소서.

○○의 지체들을 향하신 하나님의 계획이 오늘도 이루어지는 가운데, 믿음에서 믿음으로 이르는 복을 취하는 은혜를 내려 주시옵소서. 저희들에게 온전한 삶의 은혜를 내려 주시옵소서. 예수님의 이름으로 기도드립니다. 아멘.

주일 밤(찬양) 예배
기도를 인도해주는 말씀 _ 갈 5:14

부모를 공경하게 하신 하나님,
오늘, 종일을 하나님 앞에서 구별하게 하셨음에 감사드립니다. 이 밤에도 하늘의 문이 열려 구원의 은혜와 평강의 복이 넘치게 하신 하나님의 이름에 합당한 영광을 드리게 하시옵소서. 저희들의 심령이 주님의 영으로 충만하여 경배하게 하시옵소서.
부모를 공경하라 하신 말씀에 순종하지 못한 죄를 용서해주시옵소서. 부모에게 효도하기보다는 노년에 이르신 부모를 섬기는 것이 때때로 귀찮게 여겨지기도 했던 것을 회개합니다. 부모를 섬기고 돌보아드리는 것이 짜증나기도 했던 패륜의 죄를 용서해주시옵소서.
말씀을 준비하신 목사님께 성령으로 감동해주시고, 하나님의 뜻이 온전히 선포되기 원합니다. 그 말씀으로 ○○의 지체들을 향한 주님의 뜻이 무엇인지 분별하여 새로워지게 하시옵소서.
어버이의 모습이 오늘의 예배 안에서 저희들에게 새롭게 보여지기를 원합니다.
예수님의 이름으로 기도드립니다. 아멘.

수요일 밤 예배
기도를 인도해주는 말씀 _ 레 19:32

살아계신 주 하나님,

주님의 은혜를 누리던 이들이 예배하러 나왔습니다. 영생의 지혜를 주셔서 어리석은 자들처럼 다른 신을 찾지 않게 하셨음에 감사드립니다. 오직 하나님께만 영광을 드리게 하옵소서.

하나님께 찬송을 드리는 지금, 회개의 영으로 충만해지기 원합니다. 주님께는 행위로 죄를 짓지 않았으나 마음으로는 주님을 떠나있던 죄를 용서해주시옵소서. 하나님의 뜻을 저버렸습니다. 주님의 말씀에 순종하여 하나님을 사랑하고, 이웃을 사랑하는 일에 힘쓰게 하시니 감사합니다. 주님께로부터 거저 받은 시간에, 하나님의 영광이 드러내는 삶을 살게 하시옵소서. 저희들의 순종이 하나님 앞에서 착한 행실이 되기를 원합니다.

이 예배를 위해서 목사님으로 하여금 말씀을 준비하게 하심에 감사드립니다. 목사님께 말씀의 영을 더하시고, 사랑으로 전하게 하시옵소서. 저희들의 영혼을 새롭게 하고, 하나님의 사람으로 세상에 나갈 담대함을 주시는 말씀이 들려질 것을 믿습니다.

예수님의 이름으로 기도드립니다. 아멘.

5월 3주 ‖ 성령강림주일 - 가정의 달

주일 낮(대) 예배

기도를 인도해주는 말씀 _ 잠 17:1
마른 떡 한 조각만 있고도 화목하는 것이
제육이 집에 가득하고도 다투는 것보다 나으니라

성령으로 충만하게 하시는 하나님,

예배의 시작 | ○○의 지체들이 성령님의 알게 하심과 깨닫게 하심으로 진리 안에서 소망을 품게 하시니 감사드립니다. 예배하러 모였으니, 성령님을 즐거워하면서 하늘의 하나님께 영광을 드리게 하시옵소서. 저희들의 심령에 하나님의 영광이 가득하게 하시옵소서.

뉘우침과 회개 | 날마다 은혜의 보좌 앞으로 나아가는 삶을 살지 못했던 죄를 고백합니다. 하나님 앞에서 살아야 하였으나 그렇게 하지 못한 죄를 용서해주옵소서. 때로는 주님의 간섭이 귀찮고, 자신의 이기심으로 살아보려 한 죄를 용서해주시옵소서.

오늘의 간구 | 하나님을 아버지라 부르는 거룩한 가족을 보아 주시옵소서. 예수님의 십자가로 새 가족이 된 저희들이 하나님을 향한 사랑으로 하나 되어 함께 하였습니다. 하늘에 속한 새 사

람이 되었으니, 거룩함을 쫓게 하시옵소서. 그 거룩함의 은혜 안에서, 저희들에게는 교회에서 보내는 하루가 다른 곳에서 지내는 천 날보다 나음을 깨닫게 하시옵소서.

하나님 아버지,

말씀의 은혜 | 목사님의 설교를 통해서 예수님의 십자가로 죄의 문제가 해결되었음을 확인하게 해주시고, 하늘나라의 백성으로 살아가려는 다짐을 새롭게 하게 다짐하도록 도우시기 원합니다. 진리의 말씀이 온 성도들에게 영혼을 치료하는 약이 되게 하시옵소서.

공동체를 위한 중보 | 주님의 부드러우신 손으로 고통 중에 있는 이들을 만져주시고, 병든 몸의 손을 잡아 일으켜 주시옵소서. 열병에서 고침을 받은 베드로 장모의 은혜를 저들이 체험하게 하시옵소서.

여호와 앞에서 흠이 없는 삶을 살기로 결단하게 하시옵소서. 보혈의 사랑으로 죄를 씻음 받고, 새 생명의 은혜 안에서 살아가기를 소원하게 하시옵소서. 귀한 지체들에게 성령님의 위로하심과 인도, 보호하심의 은혜가 있어서 희락이 넘치게 하시옵소서.

예수님의 이름으로 기도드립니다. 아멘.

주일 밤(찬양) 예배
기도를 인도해주는 말씀 _ 벧전 3:8

성령님을 보내주신 하나님,

여호와의 영광을 나타내심을 이 예배당 안에서 보게 하시니 감사드립니다. 거룩한 시간에 ○○의 지체들이 천국의 자녀 됨을 풍성히 누리면서 하나님과의 인격적인 만남을 경험하는 복을 누리게 하시옵소서.

돌아보니, 자유스러운 몸과 사랑하는 부모님 그리고 가족의 단란함을 통하여 하나님께 감사하지 못하였음을 용서해주시옵소서. 여러 가지의 일들 속에서 하나님의 도우심을 기억하지 못하고 지나쳤음을 용서하시옵소서.

말씀을 들고 단 위에 서신 목사님과 함께 하셔서 생명을 구원하는 말씀을 전하시도록 하시옵소서. 귀한 말씀이 땅에 떨어지지 않고 성도들의 마음 밭에 새겨져 열매를 맺게 하시옵소서.

이 땅 어디에서라도 복음을 듣지 못하여 구원에 이르지 못할 사람이 없게 하시는 하나님의 마음을 주시니 감사드립니다. 복음에 빚진 자가 되어, 선교를 위하여 기도하게 하시옵소서.

예수님의 이름으로 기도드립니다. 아멘.

수요일 밤 예배
기도를 인도해주는 말씀 _ 마 15:4

경배하게 하시는 하나님,

원근각처에서 흩어져 지내던 하나님의 자녀들을 불러 주시니 감사드립니다. 이 밤에, 하나님은 참으로 우리가 섬겨 마땅한 주님이시니 여호와를 섬기는 성실함으로 예배하게 하시옵소서.

이 시간에, 저희들을 받아 주옵소서. 주님을 섬기지 않는 이들처럼 살아온 죄를 고백합니다. 저희들의 모자라기 그지없는 모습을 주님께 내어 놓으니 용서해 주시옵소서. 저희들의 죄를 십자가의 보혈로 씻어 주시옵소서.

저희들을 사랑하셔서 가정을 주셨으니, 복 되게 인도해 주시옵소서. 모든 복과 은혜를 감사하면서 살아가도록 이끌어 주시옵소서. 이제, 저희들 가족의 소원은 주님을 더 잘 알기 위한 것이 되게 하시옵소서. 가정, 가정마다에 주님의 영광을 구합니다.

말씀을 전하실 목사님께서 예비하신 복음을 선포하도록 하시옵소서. 저희 모두에게는 들을 귀를 갖도록 해주시옵소서. 그리하여 하늘의 말씀으로 받을 때, 은혜의 강물이 흐르게 하시옵소서. 예수님의 이름으로 기도드립니다. 아멘.

5월 예배 대표⁺ 기도문

5월 4주 ‖ 삼위일체주일 - 가정의 달

주일 낮(대) 예배
기도를 인도해주는 말씀 _ 시 115:14

여호와께서 너희를 곧 너희와 너희의 자손을
더욱 번창하게 하시기를 원하노라

거룩하신 삼위의 하나님,

예배의 시작 | 삼위일체주일을 맞이하여 ○○의 지체들이 여호와의 이름을 경배합니다. 삼위 하나님의 영광의 팔로 저희들을 붙잡아 주셨으며, 그 이름을 영영케 하시려고 머리를 숙이게 하셨습니다. 하나님의 이름을 찬송하면서 영과 진리로 예배하는 저희들이 되게 하시옵소서.

뉘우침과 회개 | 이웃을 사랑으로 섬기라고 하셨으나, 그것과는 먼 생활을 해왔습니다. 이웃으로부터 선한 대접을 바라면서, 남들에게는 인색하게 했던 죄를 고백합니다. 남을 비판하는 그 비판으로 비판을 받는다고 하신 말씀을 잊고 지내었던 죄를 용서해주시옵소서. 그 용서함을 받고 이웃을 섬기게 하시옵소서.

오늘의 간구 | 하나님 앞에서 복이 되는 시간에, ○○의 권속들이 신

령한 은혜로 성결케 되는 교회로 만들어 주시옵소서. 하나님의 목회가 이루어지는 교회로 인도해 주심을 빕니다. 저희들 자신이 하나님의 도구가 되어 교회를 이루어 가게 하시고, 하나님께는 받으실 만한 제물로 지내게 하시옵소서.

하나님 아버지,

말씀의 은혜 | 강단에서 하나님의 말씀이 선포될 때, 마음의 문을 활짝 열고 듣게 하시옵소서. 그 말씀으로 심령이 배부르고, 새 생명을 얻은 기쁨 속에 살아가는 저희들이 되게 하시옵소서. 말씀의 성찬이 베풀어진 거룩한 시간에 온 몸으로 주님께 영광을 드리게 하시옵소서.

공동체를 위한 중보 | "나는 너희를 치료하는 여호와임이라"라고 하셨으니, 사랑하는 환우들에게 하루 속히 건강이 회복되게 하시옵소서. 그들의 회복된 건강으로 주님께 영광을 드리게 하시옵소서. 하늘에서 내려오는 능력으로 치유의 은혜를 보게 하시고, 육체를 붙잡고 있는 사탄은 뒤로 물러가게 하시옵소서. 저희들을 주님의 몸으로 주신 ○○ 교회에서 한 지체로 섬기게 하셨으니, 서로를 섬기되 열심을 내게 하시옵소서. 이 교회에 속한 지체들이 은혜 안으로 들어가게 하시옵소서.

예수님의 이름으로 기도드립니다. 아멘.

5월 예배 대표⁺ 기도문

주일 밤(찬양) 예배
기도를 인도해주는 말씀 _ 엡 2:4

삼위일체의 하나님,
삼위일체주일의 은혜를 누리던 지체들이 밤 예배로 다시 모였습니다. 여기에 엎드린 지체들에게 경건함과 거룩함으로 예배하게 하시옵소서. 생각과 마음을 모아서 여호와를 공경함으로써 예배하는 저희들이 되게 하시옵소서.

하나님 앞에서 살면서 감사하지 못하였고, 하나님의 것에 대하여 거룩하게 여기지 못했음을 용서해주시옵소서. 저희들이 살았던 시간과 살면서 사용하였던 재물, 그리고 저희 자신의 생명도 여호와의 것이었음을 잊고 지낸 죄를 씻어주시옵소서.

주님의 사자가 말씀을 전해주시기 위해 강단에 오르셨습니다. 그의 입을 통해서 하나님의 음성을 들려주시옵소서. 성도들이 강단의 메시지에 진리에로 이르는 은혜를 받게 하시옵소서.

저희들에게 늘 자신의 신앙과 생활에 대한 반성을 하게 하시옵소서. 여기에 모인 지체들이 마음으로, 정성으로 하나님만을 경배하는 예배가 되게 하시옵소서.

예수님의 이름으로 기도드립니다. 아멘.

수요일 밤 예배
기도를 인도해주는 말씀 _ 신 5:16

만유를 다스리시는 하나님,
지난 시간 동안에도 보호해 주신 여호와의 이름을 송축합니다. 죄로 말미암아 죽음과 저주 아래 놓여 있던 인생들에게 구원의 은혜를 베푸신 하나님의 은혜에 감사드리게 하시옵소서.
무지한 저희들은 다 양 같아서 각기 제 길로 가는 생활을 하였음을 회개합니다. 이제, 독생자를 보내주신 사랑, 대속의 은총으로 저희의 죄를 용서해 주시옵소서. 저희들을 사랑하시는 하나님을 바라보고 감사하게 하시옵소서.
오늘, 저희들에게도 성령의 충만함이 있기 원합니다. 성령님이 믿게 하시는 대로 믿고, 성령님이 이끌어 주시는 대로 순종하는 교회가 되고, 지체들이 되게 하시옵소서. 저희들의 심령에 성령님의 체험이 있도록 도와주시옵소서.
이 밤에도, 하나님의 말씀을 듣게 하시니 즐겁습니다. 갈 길을 밝히 보이시는 말씀이 되어, 의에 이르게 하시옵소서. 말씀을 받는 지체들이 믿음의 사람들이 되기를 소원하게 해주시옵소서.
예수님의 이름으로 기도드립니다. 아멘.

6월 1주 ‖ 현충일주일 - 민족의 달

주일 낮(대) 예배
기도를 인도해주는 말씀 _ 시 126:3

여호와께서 우리를 위하여
큰 일을 행하셨으니 우리는 기쁘도다

이 민족을 지켜주시는 하나님,

예배의 시작 | ○○의 지체들이 여호와의 이름을 높여드리니 영광을 받으시옵소서. 민족과 나라를 위하여 자기를 희생하는 사랑이 있게 하셨습니다. 그 숭고한 아름다움으로 말미암아 하나님을 예배하고자 모였으니 영과 진리로 이끌어 주시옵소서. 우리 민족을 붙들어주신 여호와의 은혜를 기리게 하시옵소서.

뉘우침과 회개 | 삶의 현장에서 주님의 말씀이 풍성히 거하도록 하지 못한 죄를 회개합니다. 저희들이 주님의 이름으로 모이기를 즐거워하고, 시와 찬미와 신령한 노래를 부르는 것에 게을렀음을 용서해 주시옵소서. 마음에 감사함으로 하나님을 찬양하는 것을 잊고 지냈습니다. 모든 죄를 용서해 주시옵소서.

오늘의 간구 | 여름 실과들이 가지마다 달리면서 농부들을 즐겁게

함과 같이 저희들도 하나님 앞에서 열매를 맺어가기 원합니다. 때를 따라 맺어야 할 열매들이 있어, 여호와를 영화롭게 해드리게 하옵소서. 예배하는 기쁨으로 이 달의 삶을 살아 소망의 열매로 풍성하게 하시옵소서.

하나님 아버지,

말씀의 은혜 | 강단에서 선포되는 말씀으로 주님 앞에 믿음을 더욱 굳게 하며, 흔들리지 않는 삶을 살기 원합니다. 저희들이 천국의 사람으로 살도록 주시는 말씀이매, 순종하려는 결단으로 받게 하시옵소서. 시간이 주어지는 대로 더욱 하늘나라의 일에 힘쓰는 성도들이 되게 하시옵소서.

공동체를 위한 중보 | 의원으로 오신 주 예수님의 은총을 ○○ 교회의 공동체가 경험하기 원합니다. 그리하여 누워있던 자리를 털어내고 일어나기 원하니 주님의 일으키심을 보여주옵소서.
교회 공동체에서 하나 된 성도들을 섬기는 희락을 저희들의 기쁨으로 삼게 하시옵소서. 또한 혹시, 어리석어 혹시 죄를 범하게 될 때, 막아주시고, 하나님의 영광을 나타내도록 간섭해 주시옵소서. 이로써 온 교회가 여호와 앞에서 하늘의 하나님을 찬양하게 하시옵소서.

예수님의 이름으로 기도드립니다. 아멘.

주일 밤(찬양) 예배
기도를 인도해주는 말씀 _ 고전 13:13

현충일을 묵상하게 하신 하나님,

오늘, 주일을 성수하면서 임마누엘의 복을 누리게 하셨음에 감사의 찬송을 드립니다. 우리 민족을 위하시는 하나님의 은혜를 묵상하며 지냈습니다. 이 밤에, 머리를 숙인 ○○의 지체들에게 심령을 내어드리게 하시옵소서.

나라를 위해서 목숨을 바친 이들의 자세를 외면하고 살아온 것을 회개합니다. 이 민족의 핏 소리를 들어주신 여호와께 소망을 두지 못한 죄를 용서해주시옵소서. 자신의 목숨을 나라와 바꾼 이들의 가족을 살피는 것에 무관심했던 죄를 고백합니다.

목사님께 영력을 더하셔서 말씀을 선포하실 때, 권능이 있는 강단이 되게 하시옵소서. 전해주시는 말씀이 저희를 비추는 거울이 되어 우리의 흐트러진 모습을 발견하도록 이끌어 주시옵소서. 우리 선조들에게 피 흘림의 역사를 통해서 이 민족을 보호하셨던 하나님의 은혜를 기억합니다. 나라를 사랑하고, 민족을 위해서 기도하게 하시옵소서.

예수님의 이름으로 기도드립니다. 아멘.

수요일 밤 예배
기도를 인도해주는 말씀 _

신실하신 하나님,

분주히 살던 지체들입니다. 지난 사흘 동안에 하나님의 인도하심과 보호하심에 감사의 찬미를 드리게 하시옵소서. 하나님을 섬기고, 하나님의 나라를 이루어드리는 백성이 되게 하시옵소서. 이 나라와 민족에 대한 죄를 고백합니다. 저희들이 나라를 위해 기도하고, 민족의 복음화를 위하여 애를 쓰지만, 형식적으로 그친 경우가 많았음을 용서해 주시옵소서. 이 나라와 이 백성들을 위하여 기도하며, 전도하기를 쉬지 않게 하시옵소서.

저희들이 이 달에는 나의 조국, 이 나라를 사랑하기를 소원합니다. 국민들은 국가가 처해 있는 모든 형편과 사정을 이해하고 있다면 우리가 할 일을 지체로서 주어진 환경에서 성실하게 살아가며 하나님의 도우심이 있기를 항상 기도하게 하시옵소서.

현충일의 주님을 묵상하는 저희들에게 말씀을 대언하실 목사님께서 단에 오르셨으니 생명과 진리의 말씀을 선포하게 하시옵소서. 이 시간이 하나님께 영광이 되기를 소망합니다.

예수님의 이름으로 기도드립니다. 아멘.

6월 2주 ‖ 민족의 달

주일 낮(대) 예배
기도를 인도해주는 말씀 _ 시 77:14

주는 기이한 일을 행하신 하나님이시라
민족들 중에 주의 능력을 알리시고

예배하는 공동체를 원하시는 하나님,

예배의 시작 | 지금, 주님께서 주신 분깃에 따라 살아가던 이들이 하나가 되었습니다. 하나님께서 다시금 새롭게 해주시려 하심에 감사드립니다. 하나님의 품이 그리워 나온 지체들에게서 영광을 취하시옵소서. 저희들은 주님께서 마련해 주신 예배의 자리에서 기쁨의 공동체를 이루게 하시옵소서.

뉘우침과 회개 | 생명을 허락해주신 시간 동안에 믿음의 선한 싸움을 싸우지 못했음을 회개합니다. 영생을 취하라고 부르심을 받았음에도 영생이 없는 이들과 함께 하는 즐거움에 만족했던 저희들입니다. 십자가의 보혈로 용서해주시옵소서.

오늘의 간구 | 이 시간에, 나라를 사랑하는 마음을 갖고, 예배하는 ○○의 공동체가 되게 하시옵소서. 이 민족에 복음의 횃불이

들려진 것을 감사드립니다. 한국전쟁으로 많은 이들이 피 흘리며 숨져 갔고, 그들의 유가족들이 슬픔 속에서 지내고 있습니다. 현충일에 즈음하여 이 민족을 특별히 위로해 주옵소서.

하나님 아버지,

말씀의 은혜 | 오늘도 목사님을 단 위에 세우셔서, 하나님의 말씀을 들려주시니 감사드립니다. 저희들의 심령에 만족한 말씀을 전하실 목사님에게 영력을 더하여주시옵소서. 하나님의 대언자로서 하나님의 말씀이 가감 없이 선포되어, 진리가 저희들의 심령을 풍성하게 하시고, 이 예배당을 덮기 원합니다.

공동체를 위한 중보 | 질병에 걸려 눈물을 흘리고 있는 이들을 기억합니다. 여호와께서 그들의 간구함을 들으시고 그들을 고쳐 주시옵소서. 예전과 같이 건강함을 되찾아 주님의 일에 더욱 정진할 수 있도록 은총을 베풀어 주시옵소서.

저희들이 이 땅에서 ○○의 지체로 살아가는 동안에, 우리가 좀 가졌다고 가난한 자를 외면치 말게 하옵소서. 정말, 저희들에게 믿음의 눈이 열려서 소외되고 고통 속에 있는 형제나 자매를 발견하게 하시옵소서.

예수님의 이름으로 기도드립니다. 아멘.

6월 예배 대표⁺기도문

주일 밤(찬양) 예배
기도를 인도해주는 말씀 _ 히 11:8

찬양을 받으실 하나님,
주일에 저희들과 함께 해주신 여호와의 이름에 영광을 드립니다. 교회를 떠나지 않고, 하루를 보낸 지체들이 다시 모였습니다. 오직 마음을 다 드리는 지금, 하나님의 이름을 높이고, 세세 무궁토록 영광을 바치는 한 시간이 되게 하시옵소서.
여호와 앞에서 참회하는 심령으로 고백합니다. 하나님의 뜻과는 멀리 행하며 살아왔던 죄를 용서해주시옵소서. 외모는 거룩할지 몰라도 속사람은 육체의 정욕으로 더러워져 있으니 갈보리의 보혈로 씻어주시옵소서. 긍휼을 베풀어 새롭게 하시옵소서.
목사님을 성령님께서 더욱 강하게 하시옵소서. 설교를 통해서 예수님의 십자가로 말미암아 죄의 문제가 해결되었음을 확인하게 하시옵소서. 영혼의 질병이 치유를 받게 해주시옵소서.
이 자리에 임하시는 성령님의 충만하심을 받아 여호와의 이름을 부르게 하시고, 예배하기 위해서 무릎을 꿇게 하시옵소서. 영으로 예배하기 위해 사람의 생각은 내려놓게 하시옵소서.
예수님의 이름으로 기도드립니다. 아멘.

수요일 밤 예배
기도를 인도해주는 말씀

전능하시며, 전지하신 하나님,

거룩한 곳에 모인 하나님의 자녀들에게 지난날의 사랑과 은총에 감사하게 하시옵소서. 이 밤에, 하나님께서 존귀하게 여기시는 ○○의 지체들이 예배할 때, 영광을 받으시옵소서.

지난 시간의 생활을 돌이켜 볼 때, 주님의 음성에 귀를 기울이는 데 게을렀음을 회개합니다. 선한 일에 열심을 내지 못한 저희들을 용서해 주옵소서. 주님의 보혈로 죄를 씻어 주시옵소서.

이 예배로 말미암아, 저희들의 영혼이 살아나며 하나님의 은혜를 뜨겁게 체험함이 늘어나게 하시옵소서. 하나님의 자녀가 되었으니 마땅히 그리스도인의 성숙한 지식을 갖춤에 대해서도 소망을 품게 하시옵소서. 성령님의 충만하심을 사모합니다.

이 밤에, 하늘의 말씀을 전하시는 목사님께 능력을 더하시옵소서. 전하시는 말씀이 이 백성들에게 생명이 되기를 소망합니다. 위로부터 주시는 말씀을 받아 저희들이 향기로운 제물이 되게 하시옵소서.

예수님의 이름으로 기도드립니다. 아멘.

6월 3주 ‖ 민족의 달

주일 낮(대) 예배

기도를 인도해주는 말씀 _ 시 67:5

하나님이여 민족들이 주를 찬송하게 하시며
모든 민족으로 주를 찬송하게 하소서

하늘에 가득한 영광의 하나님,

예배의 시작 | 이레 가운데 한 날을 구별하여 성일로 정하신 하나님께로 나아왔으니 예배하게 하시옵소서. 주님의 피로 의로움을 입은 ○○의 권속이 하나님께로 나아갑니다. 선택받았음에 즐거워하면서 예배할 때, 하늘에 영광이 가득하게 하시옵소서. 스스로 정결하게 하고 나온 성도들에게는 복을 내려주시옵소서.

뉘우침과 회개 | 고난 앞에서 하나님을 불평하고 원망했으며, 즐거움 앞에서는 자신의 잘 함만을 누렸습니다. 이 미련함과 어리석음의 죄를 용서해주옵소서. 금수와 버러지 같은 저희를 용서해 주시고, 믿음의 사람으로 살게 하옵소서. 오직 주님과 동행하도록 인도해 주시옵소서.

오늘의 간구 | 여호와께 거룩한 ○○ 교회의 지체들을 축복합니다.

이 시간에 저희들 자신이 예물이 되어 하나님께 바쳐지게 하시옵소서. 저희들의 삶에 언제나 예배가 중심이 되는 은혜를 즐기게 하시옵소서. 주님의 피에 죄를 이기게 하는 능력이 있음을 믿습니다. ○○ 교회의 지체들은 그리스도의 피를 의지하며 살아가게 하시옵소서.

하나님 아버지,

말씀의 은혜 | 강단에 세우신 목사님을 붙잡아 주셔서 진리의 말씀을 준비하신 그대로 선포하게 하시옵소서. 말씀을 전해 주실 목사님에게 성령의 능력이 더하시기 바라며, 말씀 속에서 저희들이 거듭나게 하시옵소서. 생명력 넘치는, 살아 있는 말씀으로 저희들을 감동케 하시옵소서.

공동체를 위한 중보 | 예배를 드리는 지금, ○○ 교회의 가족들에게 치료하시는 성령님의 역사를 보여 주옵소서. 그들이 지금은 질병으로 육체는 어려움을 겪으시겠지만, 저의 몸을 통해서 이루어질 하나님의 일을 바라봅니다.

섬김을 받아야만 하는 이들에게 진정한 믿음과 사랑과 소망을 주는 참된 위로자가 되게 하소서. 우리 교회가 하나님의 뜻을 따라 세상의 빛과 소금이 되는데 앞서가게 하옵소서.

예수님의 이름으로 기도드립니다. 아멘.

주일 밤(찬양) 예배

기도를 인도해주는 말씀 _ 시 39:7

아름다우신 하나님,

주일을 다 보내고, 황혼의 시간에 예배하도록 마음을 모아 주심을 감사드립니다. 종일, 하나님의 은혜를 묵상하고, 거룩한 일에 수종을 들게 하셨습니다. 영과 진리로 예배하게 하시고, 머리를 숙인 권속의 심령을 산 제물로 받으시옵소서.

주님을 사랑하기보다는 이미 종교인으로 길들여진 저희들의 삶을 회개합니다. 위선을 발라낸다면 아무것도 없는 저희들입니다. 십자가에서 흘리신 주님의 피로 죄를 씻어주시옵소서. 다시는 죄를 가까이 하지 않도록 성령님으로 충만하게 하시옵소서.

강단에서 생명의 말씀을 전하실 목사님께 신령한 능력과 성령으로 충만하게 하시옵소서. 귀히 쓰시는 종으로 삼아 주시기 원합니다. 말씀을 통하여 천국의 영광이 드러나게 하시옵소서.

전능하심으로 나라를 다스리시는 하나님을 경배합니다. 이 지상의 국가와 그 나라를 지배하는 지도자들이 주님의 손에 있음을 믿습니다. 우리나라를 하나님의 손에 맡겨드립니다.

예수님의 이름으로 기도드립니다. 아멘.

수요일 밤 예배
기도를 인도해주는 말씀

자기 백성을 보호하시는 하나님,

주일이 지난 후, 삼일 동안에 여러 모양과 여러 형편 속에서 여호와의 은총이 크고 위대하셨음을 찬양합니다. 연약한 저희들을 보호해 주셨음에 감사드리게 하시옵소서.

이 밤에, 죄가 눈앞을 가리고 있음을 고백합니다. 양심이 괴로울 만큼 여러 가지의 죄와 허물이 있어 회개합니다. 저희들의 모든 죄를 주님의 깨끗하게 하시는 보혈로 씻음 받게 하시옵소서.

하나님께서 아버지가 되어 주셔서, 그리스도인으로 자라나기를 기뻐하게 하신 사랑을 찬양을 드립니다. 그리스도의 장성한 분량에 이르도록 인도해 주시옵소서. 또한 주님의 품 안에서 모자람이 없는 삶을 살아갈 수 있도록 날마다 만족하게 하시옵소서.

이 시간에도, 선포되는 말씀이 저희의 굳은 심령을 찔러 쪼개시는 은혜로 말씀을 듣게 하시니 감사드립니다. 그 말씀 한 마디도 땅에 떨어지지 않고, 성도들의 마음에 새겨져 열매를 맺게 하시옵소서.

예수님의 이름으로 기도드립니다. 아멘.

6월 4주 ‖ 한국전쟁상기주일 - 민족의 달

주일 낮(대) 예배
기도를 인도해주는 말씀 _ 출 3:10

이제 내가 너를 바로에게 보내어
너에게 내 백성 이스라엘 자손을 애굽에서 인도하여 내게 하리라

이 민족을 일으켜주신 하나님,

예배의 시작 | 우리 민족을 전쟁의 참화에서 이만큼 회복시켜 주신 하나님께 머리를 숙였습니다. 전쟁의 폐허와 가난에서 이 민족을 구해주셨음에 감사의 찬양을 올려드리게 하시옵소서. 세계의 모든 민족들 앞에서 복된 나라가 되도록 해주신 은총과 사랑에 감사함으로 경배하는 한 시간이 되게 하시옵소서.

뉘우침과 회개 | 세상의 일들에 마음을 빼앗겨 시험에 들기도 했었습니다. 염려와 두려움 때문에 시험에 들기도 했었음을 용서해 주시옵소서. 주님의 피로 저희를 새롭게 하시고, 늘 기도를 함으로써 깨어있는 삶을 살게 하시옵소서. 하나님께 대하여 가슴을 열게 하시고, 사탄의 유혹을 물리치게 하시옵소서.

오늘의 간구 | 하나님의 은혜로 일 년의 반 가까이를 지내왔음에 감

사드립니다. 지나온 시간의 날들을 돌아볼 때, 감사와 감격일 뿐입니다. 저희들이 주 안에서 승리를 경험하게 하셨으니, 앞으로 더욱 하나님을 사랑하며 살게 하시옵소서.

하나님 아버지,

말씀의 은혜 | 거룩한 강단에서 증거 되는 목사님의 설교는 우리를 배불리 먹이시는 하나님의 손길을 선포하는 말씀이 되게 하시옵소서. 생명의 식탁에서 은혜를 얻게 하시옵소서. 진리의 말씀을 반가워하고, 순종함으로써 이 주간에도 삶의 현장 곳곳에서 열매를 맺는 ○○ 교회의 백성들이 되기 원합니다.

공동체를 위한 중보 | 지금, 중한 병에 걸려서 이 자리에 모이지 못한 성도들이 있습니다. 병상에 누워서 꼼짝 못하는 안타까운 이들도 있습니다. 그들이 질병의 두려움으로 말미암아 낙심하지 말게 하시옵소서.

모든 일을 시작할 때도 기도로 시작하고, 신앙양심에 따라 바른 선택을 하게 하시옵소서. 또한 우리에게 주어진 시간을 아껴 쓰게 하시고, 우리에게 주어진 돈을 허비하거나 낭비하지 말게 하옵소서.

예수님의 이름으로 기도드립니다. 아멘.

주일 밤(찬양) 예배
기도를 인도해주는 말씀 _ 딤전 4:10

한국전쟁의 아픔을 치유해주신 하나님,
저희들의 영혼과 육체를 여호와께 드립니다. 예수님께서 나셨던 날, 예물을 드리던 박사들의 심정으로 나아가게 하시옵소서. 이 시간에, ○○의 지체들의 가슴을 주님을 경배하는 것으로 채워 주시옵소서. 이로써 주님을 향한 사랑으로 채우시옵소서.
아직까지도 우리 민족에게 전쟁은 그치지 않았고, 남과 북은 대치상태로 있음에도 전쟁의 종식을 위해서 기도를 하지 않는 죄를 회개합니다. 민족의 파수꾼으로서 사명을 다하지 않고, 지낸 죄를 용서해주시옵소서. 삶의 기본적인 권리를 빼앗긴 채 굶주려 있는 이북의 동포들을 위하여 더욱 기도하게 하시옵소서.
이제, 기도와 묵상을 통해서 설교를 준비하신 목사님께 힘을 더해주시옵소서. 권세 있는 말씀을 선포하시도록 하시옵소서. 그 말씀으로 주저앉은 저희들이 다시 일어나는 체험을 주시옵소서. 하나님께서 직접 땅 위에 세워진 모든 국가들을 붙들어 보전하심을 감사드립니다. 이 민족을 지켜주시옵소서.
예수님의 이름으로 기도드립니다. 아멘.

수요일 밤 예배
기도를 인도해주는 말씀 _ 출 7:14

여호와 우리 하나님,

만왕의 왕이 되시는 예수님을 기억하는 저희들을 불러주시니 감사드립니다. 이 밤에, 거룩한 집에서 하나님을 찬양하는 소리가 메아리쳐져 이 동네에 끝이 간 데까지 들려지게 하시옵소서. 저희들의 부족한 모습에 부끄럽습니다. 육신의 안일과 평안만을 추구할 때가 많았음에 회개합니다. 말씀을 가까이하고, 말씀에 순종하며 살기보다는 인간의 생각과 인간의 지혜를 따르던 불신앙의 죄를 용서해주시옵소서.

예수님을 믿는다고 입으로만 말하는 것이 아니라, 생활 속에서 그리스도인으로 변화되기를 원합니다. 진심으로 예수님의 다스리심을 즐거워하고, 언제나 구원의 은혜를 경험하게 하시옵소서. 주님의 제자가 되어 복음으로 세상을 이기게 하시옵소서.

하나님께서 말씀으로 저희를 새롭게 하심을 믿습니다. 목사님의 설교에 마음을 내려놓게 하시옵소서. 듣는 귀와 보는 눈을 열게 하셔서 주님의 말씀으로 깨달음을 얻게 하시옵소서.

예수님의 이름으로 기도드립니다. 아멘.

6월 5주 ‖ 민족의 달

주일 낮(대) 예배
기도를 인도해주는 말씀 _ 습 3:12

내가 곤고하고 가난한 백성을 네 가운데에 남겨 두리니
그들이 여호와의 이름을 의탁하여 보호를 받을지라

정직한 입술을 받으시는 하나님,

예배의 시작 | 땅에 것을 구하며 살아가기에 분주했던 저희들에게 쉼의 날을 주셨습니다. 하나님의 사랑이 저희들을 이곳으로 불러 예배드리게 하셨습니다. 이제, 마음을 다하여 대속의 십자가를 지신 주님의 사랑에 찬양을 드리게 하시옵소서. 정직한 입술로 감사와 영광이 담겨진 예배를 드리게 하시옵소서.

뉘우침과 회개 | 저희들 자신과 이웃을 향해서 모든 겸손과 온유로 하지 못한 죄를 용서해주시옵소서. 오래 참음으로 사랑 가운데서 서로 용납하는데 부족했고, 평안의 매는 줄로 성령의 하나 되게 하심을 힘써 지키는 것과는 멀었음을 용서해주시옵소서. 저희들의 죄를 주님의 보혈로 씻김을 받게 하시옵소서.

오늘의 간구 | ○○교회의 권속들에게 주님께서 가르쳐 주신 겸손

의 삶을 즐거워하게 하시니 감사드립니다. 하나님의 의를 이루어 드리고, 여호와께 착한 행실이 되도록 섬기는 삶을 살게 하시옵소서. 주님의 이름으로 어린아이들에게도 섬김을 보이게 하시옵소서.

하나님 아버지,

말씀의 은혜 | 귀한 시간에 목사님을 단에 오르게 하사 말씀을 전하게 하셨습니다. 말씀을 준비하신 목사님께 성령으로 감동해주시고, 하나님의 뜻이 온전히 선포되기 원합니다. 저희들 모두 순종함으로 듣고 그 말씀을 따르게 하시옵소서. 오늘의 말씀으로 저희를 새롭게 하시옵소서.

공동체를 위한 중보 | 질병의 고통으로 어려움을 만나게 된 환우들의 심령에 위로와 평안이 찾아들게 하시옵소서. 여호와의 능력으로 병을 이기게 하시고, 저의 영혼마저 피폐하게 하는 어두움의 세력이 쫓겨 가게 하시옵소서.

사랑하는 지체들에게 건강을 위하여 절제 있는 생활을 하게 하시고, 모든 일이 어제보다 오늘이 더 발전하고 유익한 삶이 되도록 도와주시옵소서. 생업으로 주신 삶의 자리에서 하나님의 말씀을 늘 묵상하며 기도하게 하시옵소서.

예수님의 이름으로 기도드립니다. 아멘.

주일 밤(찬양) 예배
기도를 인도해주는 말씀 _ 유 1:20

임마누엘의 하나님,

하늘의 문이 열려 구원의 은혜와 평강의 복이 넘치게 하셨음에 감사드립니다. 오늘, 거룩히 구별할 수 있도록 은혜를 주시고, 찬양과 기도로 하루를 지켰습니다. 이 밤에, 하나님의 이름에 합당한 영광을 드리게 하시옵소서.

저희들의 마음이 죄로 얼룩져 있음을 고백합니다. 욕심 때문에 가까운 이들을 시기하며 투기하였고, 이익 때문에 거짓된 행실도 서슴지 않았음을 용서해주시옵소서. 마음으로는 주님 앞에 있기를 원하였으나 그렇게 따르지 못함을 불쌍히 여기시옵소서.

○○의 지체들을 위하여 말씀을 준비하신 목사님께 성령으로 감동해주시옵소서. 하나님의 뜻이 온전히 선포되기를 원합니다. 그 말씀으로 주님의 뜻이 무엇인지 분별하게 하시옵소서.

저희들에게도 성령이 임하셨으니, 이 성령의 권능을 받아 증인이 되게 하시옵소서. 하나님께서 구원하시려고 작정하신 영혼을 찾아 부지런히 다니게 하시옵소서.

예수님의 이름으로 기도드립니다. 아멘.

수요일 밤 예배
기도를 인도해주는 말씀 _ 민 12:6

인생에게 복이 되시는 하나님,

여호와께 복이 된 삶이 즐거운 중에, 수요일 밤을 맞이해서 예배하러 나왔습니다. 하늘의 은혜를 찬송하며, 주님의 사랑에 감사하여 한 시간의 예배를 드리게 하시옵소서.

하나님의 나라를 이루어 드리는데 앞장을 서지 않았던 죄를 고백합니다. 주님의 영광을 구하는 것에 무관심했던 삶을 용서해 주시옵소서. 하나님께 대하여 의롭지 못 하게 행한 일들이 많으니 용서해 주시옵소서.

아버지의 계획에 따라 세상을 섬기는 교회가 되게 하심을 감사드립니다. 저희 교회의 모든 성도들이 하나님을 기쁘시게 해드리는 교회를 이루고자 기도하게 하시옵소서. 이 땅에서 이루시려는 하나님의 뜻에 순종하는 교회가 되게 하시옵소서.

목사님께서 들려주시는 말씀의 가르침을 달게 받게 하시옵소서. 말씀의 진리로 하나님의 은혜 안에 거하게 해주시옵소서. 생명의 말씀으로 성도들의 상한 심령들이 치유 받게 하시옵소서. 예수님의 이름으로 기도드립니다. 아멘.

7월 1주 ‖ 맥추감사주일 - 말씀의 달

주일 낮(대) 예배

기도를 인도해주는 말씀 _ 계 22:7

보라 내가 속히 오리니 이 두루마리의 예언의 말씀을
지키는 자는 복이 있으리라 하더라

첫 것을 받아주시는 하나님,

예배의 시작 | 저희들에게 첫 수확의 즐거움으로 예배하게 하셨음에 감사드립니다. 처음 익은 것을 여호와께 드림에 영광을 받으시옵소서. 하나님은 아버지시라 저희들을 사랑해 주셨습니다. 수확을 누리는 기쁨이 하나님께만 드리는 영광이 되게 하시옵소서. 맥추감사의 풍성함을 주신 하나님을 찬송합니다.

뉘우침과 회개 | 저희들의 신분이 바뀐 것처럼, 생각이나 말과 행동에서 하늘에 속한 사람으로 살지 못했음을 회개합니다. 대속의 은혜로 그리스도와 함께 다시 살리심을 받았으니 위엣 것을 찾게 하옵소서. 입술로는 위에 것을 찾는다면서 손과 발로는 여전히 땅에 것을 구하는 불신앙의 삶을 용서해주시옵소서.

오늘의 간구 | 여름의 햇살을 받으면서 만물이 생기를 더해가는 이

때, 말씀과 성령님이 은혜로 생기를 더하기 원합니다. 영혼을 소성케 하시는 은혜를 소망하게 하시옵소서. 마른 땅에 내리는 단비와 같이 성령님으로 촉촉하게 심령이 젖는 이 달의 삶이기를 소망합니다. 하늘의 문을 여시고, 성령님의 강림하심을 누리게 하시옵소서.

하나님 아버지,

말씀의 은혜 | 오늘도 진리의 말씀으로 저희들의 심령을 새롭게 하옵소서. 강단 위에 서신 목사님과 함께 하셔서 생명을 구원하는 능력의 말씀을 전하실 수 있도록 인도하시옵소서. 한 말씀도 땅에 떨어지지 아니하고 성도들의 마음 밭에 새겨져 열매를 맺게 하시옵소서. 생명수 강가로 인도되기를 원합니다.

공동체를 위한 중보 | 하나님의 품 안에 있는 ㅇㅇ 교회의 가족들이 강건하게 지내는 은혜를 보게 하시옵소서. 이 시간에, 관절과 골수, 오장과 육부를 만져 주셔서 하나님의 영광을 나타내시옵소서.

주님의 사랑을 받는 성도들이 눈물을 흘리며 기도하는 간구를 들으시고 좋은 것으로 응답해 주시옵소서. 저희들을 온전히 이끄셔서 더 굳센 믿음 위에 서게 해주시옵소서.

예수님의 이름으로 기도드립니다. 아멘.

주일 밤(찬양) 예배
기도를 인도해주는 말씀 _ 계 2:19

첫 수확의 즐거움을 주신 하나님,
종일, 맥추감사의 절기를 지킨 기쁨이었습니다. 저희들이 첫 소득을 하나님께 바칠 수 있는 은혜를 주셨음에 감사드립니다. 짧은 시간이지만, 찬양 예배로 모인 지체들에게 주님의 영으로 충만하게 하시옵소서.
베풀어주시는 은혜가 풍성하심에도 그 사랑에 감사하지 못하고 아직 가지지 못한 것들 때문에 불평한 것을 회개합니다. 저희들에게 있어야 할 것을 미리 아시고, 필요에 따라 채워주시며, 부요하게 하셨음을 깨닫지 못한 죄를 용서해주시옵소서.
설교를 준비하신 목사님께 성령의 감동하심이 있기 원합니다. 저희들에게 말씀하실 하나님의 메시지를 들려주시옵소서. 말씀에 응답하여 헌신된 제물로 살아가기를 다짐하게 하시옵소서.
금년의 첫 수확의 즐거움을 주시니 참 감사드립니다. 그 놀라우신 사랑을 모든 이들과 나누는 예배를 드리게 하시고, 저희들이 종일 아버지 하나님께 찬송을 드리기 원합니다.
예수님의 이름으로 기도드립니다. 아멘.

수요일 밤 예배
기도를 인도해주는 말씀 _ 요 6:40

은혜가 많으신 하나님,

주님의 이름은 언제 불러도 못 다 부를 그리움입니다. 주님의 이름을 묵상할 때, 가슴을 뜨겁게 해주시옵소서. 보배로운 피를 흘리신 주님께 아무리 드려도 못 다 드릴 저희들입니다.

주님께서 주신 시간들을 성실하게 보내지 못한 죄를 고백합니다. 하나님의 시간들을 죄로 얼룩지게 하였으니 용서해주시옵소서. 갈보리의 십자가의 보혈로 저희들을 성결케 하시옵소서.

저희들이 이 달에는 성숙함을 향하여 살아가기를 소원합니다. 성령님께 충만해서 그리스도의 장성한 분량에 이르기를 사모하게 하시옵소서. 저희들이 성숙함에 이르기를 바라는 바, 성령님의 역사하심을 소망합니다.

오늘도 ○○의 지체들에게 말씀을 전해주시는 목사님을 위하여 간구합니다. 귀한 종에게 사자의 권위와 감화하는 말씀의 능력을 나타내 주옵소서. 하늘의 말씀으로 저희들의 심령이 새롭게 됨을 보게 하옵소서.

예수님의 이름으로 기도드립니다. 아멘.

7월 2주 ‖ 말씀의 달

주일 낮(대) 예배
기도를 인도해주는 말씀 _ 딤후 2:15

너는 진리의 말씀을 옳게 분별하며 부끄러울 것이 없는
일꾼으로 인정된 자로 자신을 하나님 앞에 드리기를 힘쓰라

구별된 성소에서 예배를 받으시는 하나님,

예배의 시작 | 하나님께서는 예배를 받으시고, 저희들에게는 예배의 감격에 놀라게 하시기 원합니다. 구별해주신 성소에서 불리어지는 찬송이 하늘에 닿게 하시옵소서. 저희들을 위하여 부리는 천사들이 화답하여 하나님을 높이는 찬송이 울려지기 원합니다. 하늘에 가득한 주님의 영광을 보게 하시옵소서.

뉘우침과 회개 | 우리가 먹을 것과 입을 것이 있음에도 족한 줄로 여기지 못하고, 더 갖으려는 욕망에 끌려 살아온 죄를 용서해주시옵소서. 주님의 피로 저희들의 죄를 씻어주시고, 죄의 짐을 내려놓았듯이, 삶의 짐도 주님 앞에서 내려놓게 하시옵소서.

오늘의 간구 | 주 예수님의 십자가로 말미암아 죄의 문제를 해결해주시고, 하늘나라의 백성이 되게 하신 하나님의 이름을 높이

는 고백을 하게 하시옵소서. 주님의 이름으로 죄를 이기겠다는 다짐으로 예배당 밖으로 나아가게 하시옵소서. 하늘을 두루마리로, 바다를 먹물로 삼아도 그 은혜를 다 표현할 길이 없음을 예배를 통해 고백하는 은혜를 누리게 하시옵소서.

하나님 아버지,

말씀의 은혜 | 강단에 세우신 목사님께는 영육간의 강건함을 주옵소서. 하나님의 말씀 선포하실 때 힘 있는 말씀, 능력이 있는 말씀이 되게 하시며, 듣는 성도들이 강단의 메시지에 은혜를 받게 하옵소서. 그 말씀으로 저희들을 향한 주님의 뜻이 무엇인지 분별하여 새로워지게 하시옵소서.

공동체를 위한 중보 | 원하건대 이 시간에, 환우들을 치료하시며, 살려 주시옵소서 병든 자들을 간병하는 가족들에게도 건강의 은혜로 강건하게 하시고, 여호와의 손을 바라게 하시옵소서. 질병의 고통을 통해서 주님께 더 가까이 가도록 하시옵소서.

오늘, 주님의 보혈의 은혜가 생명수의 강수로 저희 교회에 흐르게 된 것에 감사드립니다. 그 은혜로 예배의 깊은 데로 나아가게 하시옵소서. 우리 교회에 아름다운 일꾼들이 많아 주님의 선한 사업에 쓰여 지게 하시옵소서.

예수님의 이름으로 기도드립니다. 아멘.

주일 밤(찬양) 예배
기도를 인도해주는 말씀 _ 전 7:8

영광을 취하시는 하나님,
황혼의 시간에, 주님을 영화롭게 해드리기 위하여 머리를 숙였습니다. 하나님의 ○○ 교회가 이 땅에 있는 동안에, 향기로운 제물을 드리는 역사가 이어지게 하시옵소서. 지금, 저희들 자신이 주님께 드려지는 산 제물이 됨을 경험하게 해주시옵소서.
돌이켜보니, 저희들의 행한 것은 죄 뿐이었음을 고백합니다. 저의 욕심이 주님의 말씀에 순종하기를 거절하게 하였습니다. 저의 이기적인 사랑이 소금과 빛으로 살아야 하는 생활을 멀리하였습니다. 보혈의 은혜로 깨끗하게 하시옵소서.
설교하시는 목사님께 영력을 더하셔서 생명의 말씀으로 저희들이 배부르게 하여 주시옵소서. 저희들에게 그 말씀에의 순종을 통하여 주님의 영광을 경험하는 은혜를 내려주시옵소서.
이웃을 향해서 자비를 베푸는 생활에 힘쓰게 하시옵소서. 예수님의 사랑이 저희의 가슴과 가슴을 이어 주시기 원합니다. 성령의 충만하심으로 저희들이 더욱 한 몸을 이루기 원합니다.
예수님의 이름으로 기도드립니다. 아멘.

수요일 밤 예배

기도를 인도해주는 말씀 _ 시 89:19

교회에 좌정해 계신 하나님,

주일 이후, 사흘 만에 다시 모인 형제와 자매들이 곧 예물이 되는 예배를 드리게 하시옵소서. 죄인의 성품은 십자가의 피로 씻어내시고, 주님께 향기로운 제물이 되게 해주시옵소서.

마음으로는 거룩하기를 원하였지만 살아가는 태도에 있어서는 여전히 불신자들과 다름이 없음을 회개합니다. 하나님의 뜻을 이루어드리는 청지기의 사명을 말하면서도, 복을 받는 것에만 마음을 두는 불신앙적인 자세를 용서해주시옵소서.

한 생명을 구하시려고 오래 참으시는 하나님의 열정을 갖도록 하시옵소서. 저희들이 많은 사람을 옳은 데로 돌아오게 하여 여호와의 뜻을 이루어드리게 하시옵소서. 저희들 자신이 구원을 받은 복음을 한 사람에게라도 더 전하게 하시옵소서.

말씀을 전해주실 목사님에게 은혜를 더하시기 원합니다. 생명의 샘에서부터 흘러나오는 은혜와 진리의 풍성함을 누리게 하시옵소서. 그리하여 진리가 성도들의 삶에 뿌리내리게 하시옵소서. 예수님의 이름으로 기도드립니다. 아멘.

7월 3주 ‖ 말씀의 달

주일 낮(대) 예배
기도를 인도해주는 말씀 _ 롬 10:17

그러므로 믿음은 들음에서 나며
들음은 그리스도의 말씀으로 말미암았느니라

찬양을 받으시기에 합당하신 하나님,

예배의 시작 | 영화로운 날 아침에, ○○에 속해있는 지체들 모두가 주 하나님을 즐거워하기 원합니다. 하나님의 자비하심이 이 날 아침에 예배하도록 하셨으니, 원근 각처에 흩어져 있던 주님의 자녀들로 찬양을 드리게 하시옵소서. 저희들의 심령이 예배하는 기쁨에 뛰어놀게 하시옵소서.

뉘우침과 회개 | 하나님께서 겸손한 자에게 은혜를 주신다 하셨음에도 저희들은 교만하게 지냈습니다. 주님을 따른다 하면서도 주님의 겸손을 따르지 않은 죄를 용서해주시옵소서. 마음으로는 하나님을 가까이 하고 싶으나 교만함 때문에 하나님으로부터 멀어짐에 대하여 슬퍼하며 애통하며 울게 하시옵소서.

오늘의 간구 | 저희들이 하나님께 합당한 영광을 드릴 때, 교회가 주

님의 은혜로 충만해지기를 원합니다. 주 하나님의 이름을 높이 부르며 찬송할 때, 저희들의 심령이 위로부터 내려지는 은혜에 젖어지기 원합니다. 하늘의 문을 여시고 폭포수와도 같은 여호와의 영광이 이 교회에 가득하게 하시옵소서.

하나님 아버지,

말씀의 은혜 | 이 예배에서 하나님의 말씀을 듣게 하시니 감사합니다. 말씀을 들고 단 위에 서신 목사님과 함께 하셔서 생명을 구원하는 능력의 말씀을 전하실 수 있도록 인도해 주시옵소서. 말씀을 받음이 저희들에게 복이 되기를 원합니다. 하나님 말씀으로 승리하는 삶을 살 수 있도록 도와주시옵소서.

공동체를 위한 중보 | 심한 병고에 시달리는 이들이 주님을 사랑하고, 치유의 은혜를 기다리고 있으니 저들의 병든 몸을 통해서 하나님의 일이 이루어지기를 소망합니다.

하나님의 말씀에서 소망을 얻고, 여호와를 앙망하게 하셨음에 더욱 감사드립니다. 하나님께서 구원하시기로 작정하신 ㅇㅇ의 지체들이 .교회의 한 식구가 되게 해주심을 반가워합니다. 우리를 사랑하시는 은혜가 임하여 때마다 놀라운 일을 행하시는 하나님이 되어 주시옵소서.

예수님의 이름으로 기도드립니다. 아멘.

7월 예배 대표⁺ 기도문

주일 밤(찬양) 예배
기도를 인도해주는 말씀 _ 고전 9:12

시온성에 계신 하나님,
자기 백성을 향해서 임마누엘로 같이 하신 그 은혜를 감사합니다. 천국의 자녀 됨을 풍성히 누리면서 하나님과의 인격적인 만남을 경험하는 복을 누리게 하시옵소서. 하나의 자비하심을 찬양하는 복된 예배로 이끌어 주시옵소서.
주님 앞에 서기만 하면, 우리 안에 있는 교만과 미움을 봅니다. 또한 완악함으로 가득 찬 마음을 감출 수 없음을 고백합니다. 저희들을 둘러싸고 있는 증오와 다툼 그리고 죄악이 가득함을 봅니다. 주님의 피로 이 더러움을 깨끗이 씻어 주시옵소서.
목사님께 성령 충만하게 하셔서, 말씀을 전하실 때 사탄의 권세 일절 틈 못 타게 하시옵소서. 그 말씀을 듣고, 저희들 자신이 누구인지를 깨달아서 영광을 하나님께 드리게 하시옵소서.
설교를 준비하신 목사님을 주님의 손으로 붙잡아 주시옵소서. 오늘, 저희들에게 하나님의 말씀이 온전히 선포되게 하시옵소서. 옥토에 생명의 말씀을 받아 제자의 삶을 살게 하시옵소서.
예수님의 이름으로 기도드립니다. 아멘.

수요일 밤 예배
기도를 인도해주는 말씀 _ 마 11:27

예배의 보좌에 계신 하나님,

○○의 지체들이 예배할 때, 온 땅의 만물들과 바다에 있는 것들이 다 찬양하게 하시옵소서. 이 밤에, 여호와를 찬양하는 소리가 이 전에 가득해서, 온 땅으로 퍼지게 하시옵소서.

주님을 의지한다 하면서도 눈에 보이는 것들에 마음을 두고 살았던 것을 회개합니다. 믿음보다는 사람의 생각으로, 하나님의 뜻보다는 자신의 일을 이루기 위해서 동분서주하다가 이 시간에 나왔으니 용서해주시옵소서.

우리 주 예수님께서 세상에 오셨던 것처럼, 저희 교회도 자신을 내어 주기 위하여 세상으로 보내지게 하시옵소서. 세상을 위하여 자신의 모든 것들을 주는 교회가 되게 하시옵소서. 죽어가는 이들에게 거저 줄 수 있게 하시옵소서.

말씀을 전하실 목사님을 붙들어 주시어 권세 있는 말씀을 선포하게 하시옵소서. 짧은 시간이지만 은혜의 깊은 데로 내려가기를 원합니다. 그 말씀에 힘입어 승리하며 살게 하시옵소서.

예수님의 이름으로 기도드립니다. 아멘.

7월 4주 ‖ 말씀의 달

주일 낮(대) 예배
기도를 인도해주는 말씀 _ 겔 37:5

주 여호와께서 이 뼈들에게 이같이 말씀하시기를
내가 생기를 너희에게 들어가게 하리니 너희가 살아나리라

영광의 주가 되시는 하나님,

예배의 시작 | 오늘, 이곳에 모인 지체들에게 두 손을 높이 들게 하시옵소서. 오직 하나님만이 영광을 받으시기를 사모하여 예배하게 하시옵소서. 우리 죄인들을 위하여 크고 의로우신 일을 하신 주님의 이름이 높아지기를 원합니다. 바다의 그칠 줄 모르는 파도 소리 같이 주님의 이름에 영광을 드리게 하시옵소서.

뉘우침과 회개 | 마귀가 우는 사자가 되어 삼킬 자를 찾으려고 두루 다니는 때에 깨어있지 못했음을 고백합니다. 사탄이 언제 틈을 탈까 주의해야 하였건만, 자신의 즐거움에 취해 살아 왔음을 용서해주시옵소서. 스스로 유혹에 미혹되지 않기 위하여 기도하며 지내야 했건만, 삶의 일들에 분주해서 자신을 내어놓고 지내온 죄를 용서해주시옵소서.

오늘의 간구 | 저희들에게 생명에 이르는 지혜를 주셔서 어리석은 자들처럼 다른 신을 찾지 않게 하셨음에 감사드립니다. 잠잠히 주님의 은혜를 기다리는 저희들이 되게 하시옵소서. 이 시간에 산천초목도 잠잠하게 하시옵소서. 잠잠히 기다릴 때, 하늘의 문을 여시고 큰 은혜를 내려주실 줄 믿습니다.

하나님 아버지,

말씀의 은혜 | 목사님께서 말씀을 선포하실 때, 권능이 있는 강단이 되게 하시옵소서. 주님의 교회가 하나님과 동행하는 진리의 말씀이 선포되기 원합니다. 그 말씀 한 마디 땅에 떨어지지 아니하고, 성도들의 마음 밭에 새겨져 열매를 맺게 하시옵소서.

공동체를 위한 중보 | 하나님의 이름을 경외하는 환우들에게 공의로운 해가 떠올라서 치료하는 광선이 비추어지는 은혜를 구합니다. 지금은 병상에 누워있으나 고침을 받아 외양간에서 나온 송아지 같이 뛰게 하시옵소서.

이 땅에 사는 날 동안에, ○○ 교회가 하나님의 영광을 드러내는 곳이 되게 하시고 죄와 짝하는 자리가 되지 않도록 보호하여 주옵소서. 세상의 빛과 소금이 되라 하신 주님의 말씀을 생각하는 지체들이 되게 하시옵소서.

예수님의 이름으로 기도드립니다. 아멘.

7월 예배 대표⁺ 기도문

주일 밤(찬양) 예배
기도를 인도해주는 말씀 _ 히 10:36

늘 함께 하시는 하나님,

여호와의 섭리를 깨달으며, 인생이라는 삶을 바라보게 하셨음에 찬양을 드립니다. 영과 진리로 예배하는 지금, 이 자리에 모인 무리에게 거룩함으로 나아가도록 하시옵소서. 생각과 마음을 모아 여호와를 예배하는 저희들이 되게 하시옵소서.

하나님께서는 저희를 사랑하셔서, 지키고 따라야 하는 말씀을 주셨으나, 말씀에 따르지 못했던 지난 생활을 회개합니다. 참으로 뉘우치오니, 하나님의 인자하심으로 용서해주시옵소서. 십자가에서 흘리신 주님의 피로 새로워지게 하시옵소서.

목사님께서 생명의 말씀을 들고 단 위에 서셨습니다. 하나님의 영이 목사님과 함께 하셔서 생명을 구원하는 능력의 말씀을 전하실 수 있도록 인도해주시옵소서.

주님의 성령으로 속마음을 더욱 강하게 만들어 주시기 원합니다. 저희들이 입술을 벌려 기도하며 찬송할 때, 영광을 받아 주시옵소서. 매일, 매일의 삶이 제물이 되게 하시옵소서.

예수님의 이름으로 기도드립니다. 아멘.

수요일 밤 예배
기도를 인도해주는 말씀 _ 사 33:17

사랑이 깊으신 하나님,

하나님의 사람으로 살아가도록 세상에 보내졌던 ○○의 지체들이 머리를 숙였습니다. 이 밤에도, 바다의 그칠 줄 모르는 파도소리 같이 주님의 이름에 찬양이 드려지게 하시옵소서.

여호와 앞에서, 지난 시간에 저지른 죄를 고백합니다. 사람들에게는 감추어졌던 추악한 죄를 낱낱이 고백하게 하시옵소서. 주님의 영광을 구하지 않은 죄의 행실을 용서해주시옵소서.

저희 ○○교회와 모든 지체들에게 면류관을 바라보게 하시옵소서. 한 사람의 낙오자도 없이 승리의 면류관을 받기 원합니다. 하나님의 말씀의 법대로 신앙생활을 하여 영광의 자리에 도달하게 이끌어 주시옵소서. 믿음을 지켜 면류관을 받게 하시옵소서.

하나님의 말씀이 저희들의 심령을 다스리게 하시옵소서. 하나님의 말씀 증거하실 때 힘 있는 말씀, 능력이 있는 말씀 되게 하시며, 듣는 성도들이 강단의 메시지에 은혜를 받게 하시옵소서. 예수님의 이름으로 기도드립니다. 아멘.

8월 1주 ‖ 교제의 달

주일 낮(대) 예배

기도를 인도해주는 말씀 _ 고전 12:12

몸은 하나인데 많은 지체가 있고 몸의 지체가 많으나
한 몸임과 같이 그리스도도 그러하니라

영광중에 영광으로 계신 하나님,

예배의 시작 | ○○의 지체들이 홀로 영광을 받으셔야 하는 주님께로 나아왔습니다. 이날을 거룩하게 여기시고 예배의 날로 정하신 주님의 이름을 묵상하게 하시옵소서. 그리하여 하나님, 그 이름이 높임을 받으시는 예배를 드리게 하시옵소서. 주님의 피로 말미암은 예복을 입게 하시옵소서.

뉘우침과 회개 | 모든 신령한 지혜와 총명에 하나님의 뜻을 아는 것으로 채우게 하시기를 기도해야 하였지만, 바쁘다는 핑계로 간구에 소홀했음을 고백합니다. 주께 합당히 행하여 범사에 기쁘시게 하고 모든 선한 일에 열매를 맺음을 소원으로 삼지 못하고 삶의 일들에 매달려 지낸 죄를 용서해주시옵소서.

오늘의 간구 | 불볕의 더위에서도 여호와의 돌보심으로 건강하게

지내고 있음을 감사하면서, 곧 닥쳐올 겨울을 내다보게 하옵소서. 이 여름에 대지가 뜨거운 것처럼, 저희들의 신앙에 대한 열심 역시 뜨겁게 하시옵소서. 하나님을 가까이 함이 뜨겁게 하시고, 뜨거운 기도와 찬송의 시간을 보내게 하시옵소서.

하나님 아버지,

말씀의 은혜 | 강단에 서서 주님의 귀한 말씀을 증거하실 목사님께 신령한 능력과 성령으로 충만케 하시옵소서. 오늘도, 주님의 은혜와 지혜로 채워져야 하는 저희들이 귀를 기울여 말씀을 듣게 하시옵소서. 하나님의 긍휼로 살아가기 원합니다. 아버지의 인도를 늘 구하며 살게 하시옵소서.

공동체를 위한 중보 | 느닷없이 질병에 걸린 고통에 두려움과 근심에 내몰린 저들에게 회복의 은혜를 내려 주시옵소서. 주님께서 친히 연약한 것을 담당하시고, 병을 짊어지셨으니, 일으켜 주시옵소서.

하나님을 모른 채 이 세상과 세상에 있는 것에만 소망을 두고 살아가는 불쌍한 영혼들을 바라보는 저희들이기를 빕니다. 땅 끝까지 이르러 내 증인이 되라 하신 말씀에 순종하는 저희들이게 하시옵소서.

예수님의 이름으로 기도드립니다. 아멘.

주일 밤(찬양) 예배
기도를 인도해주는 말씀 _ 마 11:29

구원을 이루시는 하나님,
생명의 삶을 살도록 인도하심에 찬송을 드립니다. 이 복된 자리에서, ○○의 지체들이 오직 여호와께 영과 진리로 예배하게 하시옵소서. 하나님의 성전에서 구원의 하나님께 예배드림이 마음을 다하고, 뜻을 다하는 시간이 되게 하시옵소서.
지금, 저희들의 죄를 고백합니다. 하나님의 나라와 의를 구하면서 살아야 했는데, 유혹에 이끌리고, 욕심으로 말미암아 죄를 지으며 살았습니다. 하나님보다도 자신을 즐겁게 하는 삶에만 관심을 기울인 나머지 죄를 지었던 행실을 용서해주시옵소서.
우리를 사랑하신다는 주님의 약속은 확실하여 이 밤에도 말씀을 그리워하게 하시옵소서. 사모함으로써 듣는 말씀에서 생명의 삶을 누리고, 영혼의 부요함을 즐거워하게 하시옵소서.
저희들의 마음으로부터 여호와를 사랑하는 데서 나오는 봉사를 드리게 하시옵소서. 이 섬김을 통해서 교회에는 부흥을 가져오고, 성도들은 평안을 누리게 하시옵소서.
예수님의 이름으로 기도드립니다. 아멘.

수요일 밤 예배

기도를 인도해주는 말씀 _ 마 5:8

자비로우신 하나님,

이 밤에, 하나님을 예배하러 모인 ○○의 지체들을 축복합니다. 저희들에게 예수님의 마음을 본받아 낮아지는 마음을 주시고, 열린 마음과 너그러운 생각으로 한 몸을 이루게 하시옵소서.

지금, 돌아보니 저희들의 삶은 주님을 영화롭게 해드리지 못했기에 회개합니다. 자신의 이익과 자신의 즐거움이 되는 것만 좇았던 행실을 용서해 주옵소서. 영생이 없는 이들과 다름이 없이 지낸 죄를 회개하니 용서해 주옵소서.

저희들이 이 달에는 주님을 따르는 삶을 묵상하며 살아가기를 소원합니다. 교만한 마음을 제하시고 겸손한 마음을 갖게 하시고, 하나님과 동행하셨던 주님의 마음을 주시기를 바랍니다.

하늘의 백성들에게 은혜를 주시려고 목사님을 단에 세우셨음에 감사드립니다. 그의 입술을 성령님께서 주관하셔서 이 백성들이 말씀을 듣게 하옵소서. 그 말씀으로 말미암아 여호와 앞에서 손을 깨끗이 하고, 하나님의 거룩하심으로 옷을 입게 하시옵소서. 예수님의 이름으로 기도드립니다. 아멘.

8월 2주 ‖ 광복절주일 - 교제의 달

주일 낮(대) 예배
기도를 인도해주는 말씀 _ 시 149:4

여호와께서는 자기 백성을 기뻐하시며
겸손한 자를 구원으로 아름답게 하심이로다

민족으로 소생케 해주시는 하나님,

예배의 시작 | 이 나라에 광복의 기쁨을 주신 하나님께 영광을 드리기 위하여 머리를 숙였습니다. 어렵고 힘들어 했던 우리 민족을 인도해 주셨음에 감사하며 예배로 들어가게 하시옵소서. 나라를 빼앗겨서 자유를 잃고, 노예처럼 살던 우리에게 나라를 찾게 하신 하나님께 찬양을 드리게 하시옵소서.

뉘우침과 회개 | 신앙의 형제들에게 본이 되라 하신 말씀을 잊고 지낸 죄를 용서해주시옵소서. 불신자들로부터 업신여김을 받지 말라 하셨으나 세상의 조롱거리가 되기도 하였습니다. 갈보리의 십자가에서 나타난 은혜로 새롭게 하시며, 오직 말과 행실과 사랑과 믿음과 정절에 대하여 본이 되게 하시옵소서.

오늘의 간구 | 이 민족을 통해서 영광 받으시기를 원하시는 하나님

아버지를 찬양합니다. 이 백성의 삶에 여호와의 간섭하심이 있으셔서 이 땅에 정의와 평화가 깃드는 민족 통일을 주시옵소서. 정치하는 이들이나 국방을 지키는 이들에게 은혜를 내리시어 하나님 두려운 줄 알게 하시고, 하나님의 뜻을 분별하는 지혜를 주시옵소서.

하나님 아버지,
말씀의 은혜 | 이 시간에, 선포되는 말씀으로 하나님의 영광이 드러나게 하시옵소서. 그 말씀에 응답하는 지체들은 주님께서 귀하게 쓰시는 종으로 삼아 주시기 원합니다. 하나님의 일을 이루어드림에 대하여 고민하는 삶이 있게 하시며, 하나님의 영광이 온 성도들에게 내려주시옵소서.

공동체를 위한 중보 | 질병의 고통으로 몸부림을 치는 이들에게 하나님의 자비하심을 보여 주시옵소서. 그들의 비명에 가까운 기도를 들으시고, 쏟아지는 눈물을 보아주시옵소서.

오늘, 예배를 드림으로써 새로운 힘을 얻어 한 주간 살아갈 때에 가정과 사회와 나라를 새롭게 할 수 있는 성도가 되게 하시옵소서. 이 사회 구석구석에서 빛의 사명을 감당할 수 있기 원합니다.

예수님의 이름으로 기도드립니다. 아멘.

주일 밤(찬양) 예배

기도를 인도해주는 말씀 _ 딤후 3:14

이 땅을 회복시켜주신 하나님,
나의 조국에 주신 광복의 은혜를 묵상하며, 종일을 지켰습니다.
이제, 이 민족이 구원의 문이신 주님께로 들어가기를 소원하며 주일을 보내게 하셨음에 감사드립니다. 이 밤에, 광복을 주신 하나님을 선포하게 하시옵소서.

하늘에 소망을 두지 않고, 하나님이 없는 이들과 똑같이 행동해왔던 지난 행실을 회개합니다. 주께 영광이 되어야 하는 성도의 삶을 거절하고 지낸 죄를 용서해주시옵소서. 죄를 자복하는 지금, 주님의 보혈로 용서해주시는 은혜를 받게 하시옵소서.

종을 통해서 하나님의 말씀이 대언될 때, 주님의 말씀으로 저희들의 영혼이 소성함을 누리게 하시옵소서. 마음에 새겨둘 때마다 위로가 되며, 하나님을 향한 사랑이 깊어지기 원합니다.

열방의 백성들이 주의 이름 앞에 무릎을 꿇게 하시고, 주님을 찬양하는 노래가 가득하게 하시옵소서. 이 땅에서 하나님의 뜻이 선포되고, 주님의 나라가 이루어지게 하시옵소서.

예수님의 이름으로 기도드립니다. 아멘.

수요일 밤 예배
기도를 인도해주는 말씀 _ 겔 12:25

안식을 주시는 하나님,

땀을 흘리며 살도록 하신 세상에서, 심신이 지칠 만한 때, 여호와의 전을 찾게 하시니 감사드립니다. 지금, ○○ 교회 성도들이 예배할 때, 천국에서의 안식을 맛보게 해주시옵소서.

하나님께서는 잠시도 저희들의 곁을 떠나지 않으셨지만, 주님의 곁을 떠났던 모습을 고백합니다. 저희들의 욕심이 주님의 말씀에 순종하기를 거절하게 하였으니 용서하시옵소서. 이기적인 마음으로 거룩해야 하는 삶을 거절했으니 용서해주시옵소서.

눈을 감을 때마다, 주님의 사랑을 느낌이 밀려옵니다. 최선을 다하여 하나님을 사랑하는 저희들이 되게 하시옵소서. 주님을 깊이 사랑하고, 주님을 가장 귀하게 여기게 하시옵소서.

말씀을 위하여 세우신 주의 사자를 붙들어, 말씀을 온전히 선포할 수 있도록 능력을 더하여 주시옵소서. 그 말씀에, 영육에 병든 자들이 고침을 받게 하시며, 죄 짐에 눌린 자들이 죄의 사슬에서 벗어나는 체험을 하게 하여 주시옵소서.

예수님의 이름으로 기도드립니다. 아멘.

8월 예배 대표⁺ 기도문

8월 3주 ‖ 교제의 달

주일 낮(대) 예배
기도를 인도해주는 말씀 _ 빌 2:2

마음을 같이하여 같은 사랑을 가지고
뜻을 합하며 한마음을 품어

향기로운 제물을 원하시는 하나님,

예배의 시작 | 오늘, 우리가 구원의 첫 은혜를 누렸을 때, 꿈꾸던 것 같았던 감격으로 예배드리게 하시옵소서. 여기에 모인 형제와 자매들이 곧 예물이기 원합니다. 저희들의 몸이 하나님께 드려지는 예물이게 하시옵소서. 죄인의 성품은 십자가의 피로 씻어내시고, 주님께 향기로운 제물로 삼으시옵소서.

뉘우침과 회개 | 주님께서는 우리가 다 실수가 많으므로 주의하도록 하셨건만, 실수에 민감하지 못했음을 회개합니다. 몸 밖으로 나오게 하는 것에 실수가 더하다 하셨는데도 저희들은 말에 민감하지 못했습니다. 한 입으로 찬송과 저주가 나는 이 버릇을 그리스도의 보혈로 용서해주시옵소서.

오늘의 간구 | 주님께서 행하신 일을 믿음의 자녀들에게 나타내시

며, 주님의 영광을 그들의 자손에게 나타내주시옵소서. 또한 주님의 은혜에 감사하며, 후손들에게도 하나님이 우리의 아버지이심을 알리게 하옵소서. 저희들로 말미암아 오고 오는 세대에도 복음의 강수가 흘러가게 하시며, 믿음의 역사를 기록하게 하시옵소서.

하나님 아버지,

말씀의 은혜 | 거룩하고 복된 주일에 선포되는 말씀으로부터 저희들의 생활이 설계되게 하시옵소서. 지금, 말씀을 전하실 목사님을 붙잡아 주시기 원합니다. 진리의 말씀에 응답해서 주님의 뜻을 따를 때 우리의 의지를 꺾고 겸손히 주님의 뜻과 계획에 온전히 순종하게 하시옵소서.

공동체를 위한 중보 | ○○ 교회의 성도들에게 모든 질병을 다스리는 은혜를 주시기 원합니다. 안식일에 한편 손 마른 사람을 낫게 하신 주님의 은혜를 병든 이들에게도 허락하시옵소서.

○○ 교회를 중심으로 사는 권속들에게 하나님의 자녀 된 영광을 누리게 하시옵소서. 사랑하는 지체들에게 꼭 필요한 은혜를 내려 주시고, 저희들이 평소에 간구하던 기도의 응답을 보는 복된 시간이 되게 해주시옵소서.

예수님의 이름으로 기도드립니다. 아멘.

주일 밤(찬양) 예배
기도를 인도해주는 말씀 _ 빌 4:9

교제하게 하시는 하나님,

주일을 다 지키고, 황혼의 시간에, 은혜를 누리는 저희들이 되게 하시옵소서. 예배하는 시간에, 들어가며 나오며 꼴을 얻는 은혜를 보게 하시옵소서. 목자의 음성을 듣고 따르는 양들이 되어 신령한 복을 받아 즐거움을 누리게 하시옵소서.

골고다의 십자가를 바라보기보다 고난은 주님이 당하시고, 좋은 것만 얻기를 생각했던 죄를 회개합니다. 하나님의 뜻을 거절함으로써 지은 죄를 용서해주시옵소서. 하나님의 말씀에도 순종하지 않은 행실을 주님의 피로 깨끗하게 씻어주시옵소서.

목사님을 단 위에 세우셔서, 하나님의 말씀을 들려주시니 감사드립니다. 하나님의 종에게 성령의 능력이 더하시기를 바랍니다. 그 말씀을 생명의 양식으로 받아 새로워지게 하시옵소서.

저희를 가르쳐서 나라와 민족을 위해서 기도하는 아들이 되게 하시옵소서. 그리고 아직도 하나님을 섬기려 하지 않는 이들에게 복음을 전하게 하시옵소서.

예수님의 이름으로 기도드립니다. 아멘.

수요일 밤 예배
기도를 인도해주는 말씀 _ 호 12:10

만유의 주가 되시는 하나님,
하나님의 사랑이 저희들을 이곳으로 불러 예배하게 하시니 찬양을 받으시옵소서. 주님을 사랑하기에 이곳에 모였습니다. 정직한 입술로 감사와 영광이 담겨진 예배를 드리게 하시옵소서.
지난 시간에도 방황하며 살았음을 고백하며 용서를 구합니다. 말씀을 가까이 하기를 귀찮아했던 마음을 용서해주시옵소서. 또한 말씀에 순종하며 살기보다는 인간의 생각과 인간의 지혜를 따르는 불신앙의 모습도 용서해 주시옵소서.
이 시간에, 바라기는 저희들에게 주님과 교회와 선교를 위하여 열정적으로 사명을 감당하도록 이끌어 주시옵소서. 복음을 전하시던 주님의 열심, 주님의 열성, 주님의 열정이 있게 하시옵소서. 여호와 앞에서 동일한 부지런을 나타내기 원합니다.
목사님께서 목숨을 바쳐 말씀을 전하실 때, 그 진리를 따를 것을 다짐하게 하시옵소서. 오직 말씀에 믿음의 근거를 두게 하시며, 주님의 은혜를 바라보는 심령을 새롭게 해주시옵소서.
예수님의 이름으로 기도드립니다. 아멘.

8월 4주 ‖ 교제의 달

주일 낮(대) 예배
기도를 인도해주는 말씀 _ 롬 12:5

이와 같이 우리 많은 사람이 그리스도 안에서
한 몸이 되어 서로 지체가 되었느니라

못다 부를 이름의 하나님,

예배의 시작 | 오늘 아침에도 주님의 이름은 언제 불러도 못 다 부를 그리움입니다. 하나님께 거룩하게 여겨주신 시간에, 저희들을 받아주시옵소서. 주님의 십자가를 바라보면서 드리는 예배에 하늘의 영광이 가득하기를 원합니다. 영과 진리로 예배하면서 아름다운 주님의 이름에 합당한 영광을 드리게 하시옵소서.

뉘우침과 회개 | 주님께서는 우리가 다 실수가 많으므로 주의하도록 하셨건만, 실수에 민감하지 못했음을 회개합니다. 몸 밖으로 나오게 하는 것에 실수가 더하다 하셨는데도 저희들은 말에 민감하지 못했습니다. 한 입으로 찬송과 저주가 나는 이 버릇을 그리스도의 보혈로 용서해주시옵소서.

오늘의 간구 | 하나님께 존귀한 ○○ 교회를 모든 진리로 채워 주시

옵소서. 주님의 살과 피를 경험하는 공동체가 되기를 빕니다. 온 교회에 평화와 진리가 가득 차게 하시옵소서. 주님께서 저희 교회의 머릿돌이 되어 주셔서 온 성도들이 서로 사랑하고 이해하며 감싸 줄 수 있는 마음을 허락해 주시옵소서.

하나님 아버지,

말씀의 은혜 | 목사님의 설교에 성령님의 감동하심이 나타나기 원합니다. 순종의 말씀을 받게 하시며, 선포해 주시는 생명의 말씀으로 저희들의 생활이 시작되게 하시옵소서. ○○ 교회 성도의 집들마다 작은 교회되고, 저희들 모두가 모여서 큰 집, 하늘나라를 이루게 해주시옵소서.

공동체를 위한 중보 | 질병의 고통에서 낫게 해주시는 하나님의 손길을 체험하게 하시옵소서. 이로 말미암아 싸매어 주시는 은혜를 찬송하게 하시옵소서. 치유의 주가 되시는 그리스도의 손에 만짐을 받는 은혜를 내려주시옵소서.

저희들은 연약해서 때때로 하나님께로부터 멀어질 때가 있음을 고백합니다. 저희들을 위하시는 하나님의 영이 저에게 충만하시기를 빕니다. 이로써 하나님께의 열정을 회복하고, 기도를 가까이 하게 하시옵소서.

예수님의 이름으로 기도드립니다. 아멘.

주일 밤(찬양) 예배
기도를 인도해주는 말씀 _ 욥 37:14

인자하심이 영원한 하나님,
위대하고 강하신 여호와를 마음의 깃발을 높이 들어 찬양합니다. 오직 마음을 다 드리는 지금, 감사로 제사하는 저희들이 되도록 이끌어 주시옵소서. 하나님의 이름을 높여드리게 하시옵소서. 주님만을 사랑함으로써 삶이 채워지게 하시옵소서.
지난 시간의 행실은 결코 아름답지 못하였음을 회개합니다. 세상에서 빛이요, 소금이 되어야 했던 세상이었건만 그렇게 하지 못했음을 용서해주시옵소서. 못된 행실을 고치려 하지 않았고, 고의로 죄의 행실을 버리지 않았던 악함의 삶이었습니다.
강단을 통해서 생명의 말씀으로 영혼이 부요함을 누리기 원합니다. 피곤했던 마음에 소생함의 힘을 공급받게 하시옵소서. 성령님의 크신 감동으로 주님을 바라보게 하시옵소서.
하나님은 언제나 자기 백성들을 사랑하시기 때문에 성도들의 눈물어린 기도를 들어 주신 하나님이심을 오래오래 기억하게 하시옵소서. 이 나라와 민족의 하나님을 찬양하게 하시옵소서.
예수님의 이름으로 기도드립니다. 아멘.

수요일 밤 예배
기도를 인도해주는 말씀 _ 단 1:17

화목하게 하신 하나님,

주님의 피로 하나님과 저희들 사이에 화평을 이루게 하셨음에 감사드립니다. 예수님의 보혈로 말미암은 화평으로 이 시간에, 하나님을 찾게 하셨으니 영광을 드리게 하시옵소서.

이 시간에, 저희들의 죄를 고백합니다. 경건하게 살아온 것 같으나 이미 마음으로는 의롭지 못하였습니다. 하나님의 말씀에 순종하지 않았습니다. 사랑하고 섬겨야 할 이웃에게는 정죄하고 판단하는 죄의 시간들이었음을 용서해주시옵소서.

주님의 ○○ 교회가 날마다 은혜로 풍성하게 해 주시고, 이 지역에서 영혼을 살리는 방주가 되게 하시옵소서. 저희들의 소원은 오직 하나, 불신자들에게 복음을 전하는 것이 되게 하시옵소서. 거저 받은 복음을 나누어주는 교회로 만들어 주시옵소서.

이 시간에도, 말씀으로 주님의 백성을 먹이시는 목사님께 하나님의 전신갑주를 입혀 주시옵소서. 말씀을 받는 저희들에게는 회개와 결단이 있게 하시옵소서.

예수님의 이름으로 기도드립니다. 아멘.

8월 5주 ‖ 교제의 달

주일 낮(대) 예배
기도를 인도해주는 말씀 _ 행 2:46

날마다 마음을 같이하여 성전에 모이기를 힘쓰고
집에서 떡을 떼며 기쁨과 순전한 마음으로 음식을 먹고

하늘에서도 영광이 되시는 하나님,

예배의 시작 | 만왕의 왕이 되시는 예수님을 기억하는 저희들을 불러주시니 감사합니다. 오늘도 예배하는 거룩한 집에서 하나님을 찬양하는 소리가 메아리쳐지게 하시옵소서. 하늘에 떠다니던 구름도 하나님의 영광의 빛을 가리지 않기를 원합니다. 그 빛이 찬란하게 비칠 때, 하늘의 천사들도 무릎을 꿇게 하시옵소서.

뉘우침과 회개 | 하나님의 자녀의 신분을 잊고 지낸 죄를 고백합니다. 하나님을 아버지로 부르면서 마음에 거짓된 것이 없었어야 함에도 불구하고, 솔직하거나 정직함과는 무관하게 지내온 죄를 용서해 주시옵소서. 주님께서 지신 십자가가 저희들의 것이 되게 해주시옵소서.

오늘의 간구 | 거룩한 자리에 모인 ○○의 가족들에게 우리 하나님이 다스리시니 기뻐하고 즐거워하게 하시옵소서. 하나님의 교회에 연약한 이들이 있어 서로 돕게 하시니 감사드립니다. 각 사람이 처한 환경에서 어려움을 겪고 있는 지체들에게 하나님의 위로하심을 간구합니다. 그들의 기도에 응답하시고, 여호와의 돕는 손을 기다려 인내하게 하시옵소서.

하나님 아버지,

말씀의 은혜 | 사슴이 시냇물을 찾기에 갈급함 같이 내 영혼이 주를 찾기에 갈급해 성경을 사모하는 심령을 갖기 원합니다. 하나님의 말씀을 좇아 거룩해지게 하시옵소서. 그리하여 약속하신 말씀으로 저의 부족함이 채워지기 원합니다. 한절, 한절의 말씀이 저의 심령을 뜨겁게 하시옵소서.

공동체를 위한 중보 | 성령님의 저희를 도우심이 치유의 역사로 임하여 ○○ 교회의 식구들에게 나타나게 하시옵소서. 지금은 가슴이 무너져 내릴 듯하지만, 하나님을 만나게 하시옵소서.

저희들의 마음을 성결케 하시고 하늘의 소망으로 가득 채워 주시옵소서. 오늘의 은혜로 말미암아 어떠한 어려움에도 흔들리지 않게 하시고 소망 가운데 굳건한 믿음으로 살아갈 수 있게 하시옵소서. 예수님의 이름으로 기도드립니다. 아멘.

8월 예배 대표⁺ 기도문

주일 밤(찬양) 예배
기도를 인도해주는 말씀 _ 호 14:9

은총을 더하시는 하나님,

주님 앞에 나와 무릎을 꿇게 하시니 감사드립니다. 이 밤에도 사랑하는 주님의 권속들을 은혜의 자리로 불러 주셔서 영과 진리로 예배하게 하셨으니 영광을 드리게 하시옵소서. ○○의 지체들을 향하신 인자하심이 크시기에 찬송합니다.

성령님의 도우심을 바라지 않은 죄를 용서해주시옵소서. 보혜사로 오신 성령님을 모시지 않고, 저희들의 습관대로 살아왔음을 회개합니다. 성령님께서 거하시지 못하도록 더러워진 심령을 깨끗하게 해주시옵소서. 보혈의 은혜로 새롭게 해주시옵소서.

목사님께서 진리의 말씀을 대언하실 때, 저희들의 귀를 열어주시기를 원합니다. 영적으로 귀가 열리고, 하늘의 은혜를 보는 영안이 뜨이게 하시옵소서. 주님의 제자로 세워지게 하시옵소서.

저희들이 입술을 열어 복음을 전하는 사람들이 되게 하시옵소서. 우리가 말한 것은 마음을 다하여 믿게 하시고, 마음을 다하여 믿은 것은 생활을 통해서 실천하게 하시옵소서.

예수님의 이름으로 기도드립니다. 아멘.

수요일 밤 예배
기도를 인도해주는 말씀 _ 욥 7:14

소망 중에 계신 하나님,

부활에의 소망을 갖고 지내던 ○○의 지체들을 다시 불러주셨음에 감사드립니다. 주님의 이름으로 보내어진 삶의 자리를 아름답게 섬기던 지체들로부터 영광을 받으시옵소서.

저희들의 소위를 살펴보니 회개할 것뿐입니다. 하늘에 소망을 두지 않고, 지내온 저희들의 죄를 용서해주시옵소서. 하늘에 속하지 않은 불신자들과 다름이 없이 지내왔음을 회개합니다.

저희들의 나아가는 걸음을 힘차게 하셔서 죄를 멀리하고, 마귀의 유혹을 물리치며, 자신과 싸워서 이기는 오늘이 되게 하시옵소서. ○○ 교회의 권속이 어디에서, 무엇을 하든지 십자가의 군사가 되게 이끌어 주시옵소서.

설교를 준비하신 목사님을 주님의 손으로 붙잡아 주셔서, 오늘 저희들에게 하나님의 말씀이 온전히 선포되게 하시옵소서. 저희들은 그 말씀을 받아 옥토의 심령을 지니고, 반석 같은 믿음의 처소를 이루어 가게 하시옵소서.

예수님의 이름으로 기도드립니다. 아멘.

9월 1주 ‖ 기도의 달

주일 낮(대) 예배
기도를 인도해주는 말씀 _ 벧전 4:7

만물의 마지막이 가까이 왔으니
그러므로 너희는 정신을 차리고 근신하여 기도하라

십자가 보혈의 하나님,

예배의 시작 | ㅇㅇ의 지체들이 예배로 모인 지금, 저희들의 마음에 험한 그리스도의 십자가를 새겨봅니다. 갈보리 산 위에 세워진 주님의 십자가에 얼룩진 핏자국을 보게 하시옵소서. 거룩함의 옷을 입은 성도들에게 예배의 영으로 충만하게 하시옵소서. 온 종일, 보혈을 흘리신 주님을 찬양하게 하시옵소서.

뉘우침과 회개 | 성령님의 감동하심에 저희들을 내어드리지 못한 죄를 고백합니다. 저희들에게 이루어지는 모든 상황에서 기뻐하지도 못하였고, 쉬지 않고 기도하는 데도 게을렀음을 용서해 주시옵소서. 기도가 없으니, 범사에 감사하지도 못했습니다. 성령을 소멸치 말며, 좋은 것을 취하고 악은 모든 모양이라도 버리게 하시옵소서.

오늘의 간구 | 아침과 저녁으로 찬바람이 불어오면서 새 계절이 열리게 하신 것처럼, 저희들에게도 새로운 신앙의 다짐이 있게 하시옵소서. 교회공동체를 통해서 주신 사명을 감당하게 하시고, 교회 밖을 향해서는 빛이 되고, 소금이 되어 그들로 주님께 영광을 드리게 하시옵소서.

하나님 아버지,

말씀의 은혜 | 진리의 식탁으로 저희들을 불러 주시니 감사드립니다. "여호와의 증거를 지키고 전심으로 여호와를 구하는 자가 복이 있도다"라고 하심에 따라, 늘 말씀을 가까이 하기를 원합니다. 성경으로 온전함에 이르게 하심을 믿습니다. 주님의 말씀의 교훈과 책망 안에서 날마다 새로워지게 해주시옵소서.

공동체를 위한 중보 | 질병으로 고통에 처한 지체들을 불쌍히 여겨주시옵소서. 하나님께서 원하시면 지금 당장 치료되고, 낫게 될 것을 믿습니다. 역경에 맞닥뜨리는 순간을 통해서 우리를 깨닫게 하시는 하나님의 섭리를 배우게 하시옵소서.

사랑하는 지체들이 생명의 빛 가운데서 성도의 기업의 부분을 얻기에 합당하게 하신 아버지께 충성을 다하기를 다짐하게 하시옵소서. 하나님께서 원하시는 모습으로 자라가게 하시옵소서. 예수님의 이름으로 기도드립니다. 아멘.

주일 밤(찬양) 예배
기도를 인도해주는 말씀 _ 엡 6:5

복에 복을 더하시는 하나님,
예수님의 보혈의 공로로 하나님을 아버지라 부르게 하심을 감사드립니다. 천국의 기쁨을 지금 맛보게 하시는 하나님을 향하여 즐거이 외치는 예배를 드리게 하시옵소서. 성령님의 충만하심이 있어 춤을 추며 기뻐하는 찬양의 영광을 받으시옵소서.
저희들이 죄를 고백합니다. 하나님의 영광보다는 이 땅에서의 안락에 마음을 두고 지내왔음을 용서해주시옵소서. 세상에서 남보다 더 재물을 취하고, 손해를 보지 않으려는 마음에 쫓겨 살았음을 회개합니다. 악행을 저지른 삶을 용서하시옵소서.
천국의 백성에게 말씀을 주시옵소서. 구원에 이르게 하시는 생명의 말씀을 받게 하시옵소서. 그 말씀으로 저희들의 심령은 성령님의 감동하심으로 진리의 풍성함을 누리게 하옵소서.
지금, 주님의 이름으로 한 마음, 한 영이 되어서 거룩한 한 묶음임을 경험하기 원합니다. 이 복스러운 예배에서 한 마음, 한 입으로 주님께 영광 드리게 하시옵소서.
예수님의 이름으로 기도드립니다. 아멘.

수요일 밤 예배
기도를 인도해주는 말씀

일터에서 섬기게 하신 하나님,
죄인들을 옳은 데로 돌아오도록 하는 생명의 복음을 증거하는 교회가 되었음에 감사드립니다. 주일 이후에, 사흘 동안 저희들 각 사람이 아름다운 기업으로 주신 삶의 자리를 섬겼습니다.
주님 앞에서 저희들이 행한 것이라고는 죄를 지은 것 밖에 없어 회개합니다. 하늘의 문을 여시고, 각종의 좋은 것으로 베풀어 주셨으나, 주님의 시간, 건강, 물질을 하나님의 영광을 위해서 쓰지 못한 죄를 깨끗이 씻어서 죄 없다 하시옵소서.
저희들이 이 달에는 그리스도의 향기를 발하는 삶을 실천하면서 살아가기를 소원합니다. 주님의 사랑을 세상에 나타내 보이고, 주님의 긍휼과 자비하심을 저희들의 행실에서 나타내 보이게 하시옵소서.
강단에서 생명과 진리로 이끄실 목사님께 성령님과 지혜에 충만케 하셔서 하나님의 말씀으로 흥왕함을 보게 하옵소서. 성령님의 질서와 말씀이 예배하는 중에 은혜를 더하게 하시옵소서.
예수님의 이름으로 기도드립니다. 아멘.

9월 2주 ‖ 기도의 달

주일 낮(대) 예배
기도를 인도해주는 말씀 _ 엡 6:18

모든 기도와 간구를 하되 항상 성령 안에서 기도하고
이를 위하여 깨어 구하기를 항상 힘쓰며 여러 성도를 위하여 구하라

주일을 정하신 하나님,

예배의 시작 | 오늘은 주님께서 정하신 날이라 여호와의 이름을 모든 나라들보다 높은 자리에 올려드려서 찬양하게 하시옵소서. 여호와의 은혜를 입은 종들은 다 찬양을 드리기 원합니다. 이 자리를 하나님의 거룩하신 존전으로 알고 나온 이들은 마음으로 부복하여 주님의 이름에 머리를 숙이도록 하시옵소서.

뉘우침과 회개 | 주님을 알지 못하던 때에 가졌던 삶의 일들을 버리고, 하나님의 사람으로 살라 하셨으나, 그렇게 하지 못했음을 용서하시옵소서. 여호와의 거룩하심을 닮기 위해서 경건에 이르기를 연습하라고 하셨는데 옛 생활의 즐거움 때문에 미적거리고 말았음을 용서해주시옵소서.

오늘의 간구 | 오늘을 구별한 은총으로 말미암아 하나님의 자비로

우심으로 성도답게 살게 하시옵소서. 비록 가난하고, 병든 육체를 갖고 살아도, 하늘의 하나님을 바라보게 해 주심을 빕니다. 예배를 통해서 천국을 상속받기 위해 경건한 자녀로 살겠다고 다짐하게 하시옵소서.

하나님 아버지,

말씀의 은혜 | 목사님께 성령의 감동하심이 있기 원합니다. 저희들에게 말씀하실 하나님의 메시지를 전하시도록 이끌어 주시기 원합니다. 저희에게 말씀하시는 하나님의 음성을 듣는 은혜의 시간이게 하옵소서. 진리에 순종하고, 진리를 생명처럼 붙잡고 살아가는 ○○ 교회의 성도들이 되게 하시옵소서. 죄를 이기게 하신 여호와의 이름에 영광을 올려 드리게 하시옵소서.

공동체를 위한 중보 | 오늘, 성령님의 강한 기름 부으심이 임하여 우리를 괴롭히고 있는 질병에서 고침을 받게 하시옵소서. 다음 주일에는 우리와 한 자리에 앉아 예배하게 하시옵소서.

하나님의 의와 하늘의 참 소망을 세상 가운데 드러낼 수 있는 복음의 일꾼 되게 하여 주옵소서. 주의 몸 된 교회를 섬기기 위해 세우신 각 기관과 부서들을 기억하셔서 세우신 목적에 따라 열심히 충성할 수 있도록 능력과 지혜를 더하여 주옵소서.

예수님의 이름으로 기도드립니다. 아멘.

주일 밤(찬양) 예배
기도를 인도해주는 말씀 _ 골 4:7

믿음의 주이신 하나님,

이 시간에, 머리를 숙인 ○○의 지체들에게 하나님의 영광을 찬미하게 하시옵소서. 주님의 영으로 충만하여 찬송을 드리는 기쁨으로 예배하게 하시옵소서. 구원의 은혜와 평강의 복이 넘치게 하신 하나님께 합당한 영광을 드리게 하시옵소서.

하나님의 영광을 가리고, 땅의 것을 얻기에 분주하게 지냈던 죄를 고백합니다. 저희들의 죄가 주홍 같이 붉을지라도 눈처럼 희게 되는 용서의 기쁨을 주시옵소서. 회개의 영이 들추어내시는 그대로 죄를 고백하고, 용서를 받는 은혜의 기쁨을 주시옵소서.

목사님께서 전해주시는 말씀이 사람의 이야기가 아님을 믿습니다. 이 시간에, 저희들이 받아야 하는 하나님의 말씀으로 듣기를 소망합니다. 그 말씀으로 거룩해지도록 이끌어 주시옵소서.

우리 민족의 최고 명절인 추석에 여호와의 이름을 찬송합니다. 이 땅이 여호와의 은택을 입어 오곡백과가 무르익었으며, 풍성한 수확을 보게 되었습니다. 감사하는 명절이 되게 하시옵소서.

예수님의 이름으로 기도드립니다. 아멘.

수요일 밤 예배
기도를 인도해주는 말씀

그리움이 되신 하나님,
이 밤에, 분주하던 손길을 놓고, 하나님의 성소로 달려 나왔습니다. 주님의 은혜로 불러 주셨으니, 그 부르심에 믿음으로 순종하여 나와서 영과 진정으로 드리는 예배를 받아주시옵소서.
주님의 나라를 이루는 것에 무관심했고, 대속의 은혜를 입은 은혜에 감사하지 못하였습니다. 천국의 창고에 쌓아두는 것에는 관심이 없고, 이곳에서 먹고, 마시는 즐거움으로 지내고 있음을 회개하니 용서해주시옵소서.
하나님의 나라를 위하여 일을 맡겨 주셨음을 믿습니다. 주님의 뜻에 따라 봉사하고 영광을 드리게 하시옵소서. 소원을 두고 행하게 하시나니 라고 약속하셨으니, 이 약속이 저희들에도 이루어져서, 인생의 소원을 품기 원합니다.
저희들에게 마음의 문을 열도록 감동해주시옵소서. 강단을 통하여 하나님의 말씀을 듣게 하시옵소서. 목사님을 사용하셔서 전해지는 말씀을 들을 때, 그 말씀을 청종하게 하시옵소서.
예수님의 이름으로 기도드립니다. 아멘.

9월 3주 ∥ 기도의 달

주일 낮(대) 예배
기도를 인도해주는 말씀 _ 행 10:2

그가 경건하여 온 집안과 더불어 하나님을 경외하며
백성을 많이 구제하고 하나님께 항상 기도하더니

사랑이 깊은 이름의 하나님,

예배의 시작 | 아침에 해가 떠오르는 것처럼, 이 좋은 날에 주님의 이름에 영광을 드립니다. ○○의 지체들이 영과 진리로 예배할 때, 하늘의 문을 열어 주시옵소서. 하늘 높으신 자리에서 인생들의 삶을 굽어 살피신 그 사랑을 송축하는 저희들이기 원합니다. 그 은혜에 감사하면서 예배하게 하시옵소서.

뉘우침과 회개 | 믿음이 있음을 행함으로 이루어야 하는데, 실패하고 말았습니다. 가난한 이들에게 쓸 것을 주는 것이 손해될까 두려워서 그들을 피하였습니다. 주님께서는 행함의 기회를 주셨는데도 그것을 거절한 저희들을 용서해주시옵소서. 이제, 새롭게 하시며 영생의 은혜를 소망하면서 살게 하시옵소서.

오늘의 간구 | ○○ 교회에 많은 교역자들이 있게 하심을 감사드립

니다. 그들의 수고와 기도로 말미암아 ○○ 교회의 성도들이 푸른 초장과 쉴만한 물가로 인도함을 받게 하시고, 믿음에 굳건해지기 원합니다. 나아가 이 시간에도 각 교회와 선교지에서 주님을 섬기는 종들과 특별히 세계만방에 복음을 들고 나선 하나님의 사람들 위에 은총을 더하시옵소서.

하나님 아버지,

말씀의 은혜 | 설교하시는 목사님께 영력을 더하셔서 생명의 말씀으로 저희들이 배부르게 하여 주시옵소서 말씀이 없어서 방황하는 자에게 말씀의 위로를 받게 해 주시옵소서. '지금, 여기에서' 저희들이 듣고 순종해야 하는 진리의 말씀이 온 교회를 덮게 하시옵소서.

공동체를 위한 중보 | 오늘, 예배의 응답으로 ○○ 교회의 가족들에게 치료의 은혜를 주시옵소서. 구원은 오직 주님께 있으니, 은혜를 받게 하시고, 사탄의 참소로 말미암았다면 주님의 십자가로 물리쳐 주시옵소서.

존귀한 지체들에게 여호와를 향한 열렬함을 체험하게 하시옵소서. 뜨겁게 하나님을 사랑함으로써 세상을 이기게 하시옵소서. 저희들의 생각과 말이 주님을 향한 사랑이 뜨겁게 하시옵소서. 예수님의 이름으로 기도드립니다. 아멘.

주일 밤(찬양) 예배
기도를 인도해주는 말씀 _ 사 59:15

찬양을 받으셔야 하실 여호와여,
거룩한 시간에 천국의 자녀 됨을 풍성히 누리면서 하나님과의 만남을 경험하는 복된 시간이 되기를 원합니다. 자기 백성을 위하시는 하나님의 손길에 찬양을 드리는 밤이 되게 하시옵소서. 짧은 시간이지만 저희의 찬양이 천국에 상달되게 하시옵소서.
하나님의 뜻이 이 땅에서 이루어지도록 간구했어야 하였으나 부족했던 죄를 용서해주시옵소서. 안목의 정욕과 이생의 자랑이 주는 유혹을 거절하지 못 하고 지낸 죄를 고백합니다. 주님께서 흘리신 보혈로 저희들의 심령을 깨끗하게 하시옵소서.
복된 밤에, 말씀을 듣고 단 위에 서신 목사님과 함께 해주시옵소서. 생명을 구원하는 능력의 말씀을 전하시도록 도와주시옵소서. 저희들의 심령에는 말씀을 바라는 은혜를 주시옵소서.
성령님께서 약속하신대로 저희들의 심령에 임하시기 원합니다. 저를 불쌍히 여기사 단비 같이 부어 주시옵소서. 복스러운 성령의 임하심이 단비처럼 저희들의 심령을 적셔주시옵소서.
예수님의 이름으로 기도드립니다. 아멘.

수요일 밤 예배
기도를 인도해주는 말씀

아들을 우리에게 내어주신 하나님,
저희들의 모든 생각과 정성 그리고 사랑을 모아 예배하기 원합니다. 삼일기도회로 모인 이 시간에, ○○ 교회의 지체들에게 십자가에 달리신 주님을 바라보게 하시옵소서.
한번 가면 다시 오지 않는 주님의 시간에 쓸데없는 일에 몰두해왔음을 회개합니다. 주님의 일을 찾지 않았던 죄를 용서해주시옵소서. 십자가에서 흐른 보혈의 능력으로 용서해주시옵소서.
이 밤에도. 하나님의 말씀으로 저희들을 향한 주님의 뜻이 무엇인지 분별하여 새로워지게 하시옵소서. 그래서 그 말씀을 붙잡고 기도하는 생활을 하게 하시옵소서. 말세를 살아갈 때, 하늘의 권능으로 승리하도록 이끌어 주시옵소서.
목사님께 성령 충만하게 하셔서, 말씀을 전하실 때 사탄의 권세 일절 틈 못 타게 하옵소서. 성령님의 권능이 목사님께 더하시기를 빕니다. 말씀이 선포될 때, ○○의 지체들에게 하늘의 문이 열리고, 성령님의 충만하심에 들어가게 하시옵소서.
예수님의 이름으로 기도드립니다. 아멘.

9월 4주 ‖ 기도의 달

주일 낮(대) 예배
기도를 인도해주는 말씀 _ 시 5:3

여호와여 아침에 주께서 나의 소리를 들으시리니
아침에 내가 주께 기도하고 바라리이다

손을 높이 들게 하시는 하나님,

예배의 시작 | 오늘은 하나님께서 구별해주신 날이니 여호와를 기뻐하게 하시옵소서. 인간을 지으신 것을 감사하오며 두 손을 높이 들어 찬양을 드립니다. 영과 진리로 인도되어서 하나님을 찾는 저희들에게 머리를 숙이게 하시옵소서. 주님의 이름을 부르는 지체들에게 성령님의 감동하심을 내려 주시옵소서.

뉘우침과 회개 | 천국의 백성으로서 살아야 하는 의무가 있음에도 순종하지 못했습니다. 오히려 세상 사람들이 저희들로부터 멀어질까를 염려하기도 했던 어리석음을 용서해 주시옵소서. 지금, 생명의 영으로 오신 주님의 사랑으로 용서를 받고, 참 소망을 얻게 되었음에 감사드립니다.

오늘의 간구 | 이 시간에 구하오니, 말씀을 듣고 깨달은 것을 하나도

잊어버리지 않는 ○○의 성도들이 되게 하시옵소서. 오늘, 강단에서 들은 말씀의 경고와 질책이 나와는 상관없고 다른 사람들에게만 해당되는 것이라고 생각하지 말게 하시옵소서. 정녕, 진정으로 주님께서 저희들 가까이에 계시다고 진실로 느꼈던 것을 잊지 않도록 하시옵소서.

하나님 아버지,

말씀의 은혜 | 말씀을 준비하신 목사님께 성령으로 감동해 주시옵소서. 교회의 성도들을 먹이시는 하나님의 은혜가 말씀으로 주어지기 원합니다. 간절히 간구하오니 갈보리 십자가의 말씀으로 새롭게 하시옵소서.

공동체를 위한 중보 | 사랑하는 지체들이 병으로 말미암아 시달리고, 육체가 연약해져서 낙심하고 있습니다. 여호와께서 그들을 병상에서 붙드시고, 그들의 병을 고쳐 주시옵소서. 힘들어 하는 지체들에게 위로의 은혜를 내려주시옵소서.

저희들은 주께서 가르쳐 주신 바른 길로 행하게 하시고 크신 능력을 덧입혀 주셔서 곤비치 않고 힘 있는 삶이 되게 하옵소서. 모든 성도의 가정이 주의 은혜로 채워지게 하시며 사업이 번영하고 발전하게 하여 주옵소서.

예수님의 이름으로 기도드립니다. 아멘.

9월 예배 대표⁺기도문

주일 밤(찬양) 예배
기도를 인도해주는 말씀 _ 잠 11:16

주일을 지키게 하신 하나님,
오늘, 종일 성수하는 심정으로 주님의 이름을 즐거워하게 하셨음에 감사드립니다. 믿음과 소망 그리고 사랑으로 주일을 지켰습니다. 살아가기 위해서 분주해야만 했던 삶의 짐을 하나님께 내어드리고, 하루를 쉬게 하셨음에 찬양으로 감사드립니다.
지난 한 주간 동안에도, 하늘로부터 받은 은혜 많았으나 구별된 삶을 살지 못했음을 고백합니다. 십자가의 사랑을 실천하지 못한 죄를 슬퍼하오니 용서해주시옵소서. 하나님의 나라보다는 자신의 유익을 구하기에 바빴던 행실을 용서해주시옵소서.
베풀어 주시는 신령한 식탁으로 인해 천국 잔치의 은혜를 누리는 한 시간이 되게 하옵소서. 이 밤에 저희들이 영적으로 살기 위하여 꼭 듣고, 실천해야 될 말씀을 주시기를 원합니다.
우리가 친히 담당하고 섬겨야 할 일들이 많이 있고, 기쁨으로 섬기게 하심에 감사드립니다. 귀한 지체들이 거룩한 몸의 한 지체로서 교회의 일꾼이 되어 섬기도록 은혜를 주시옵소서.
예수님의 이름으로 기도드립니다. 아멘.

수요일 밤 예배
기도를 인도해주는 말씀 _ ?

사랑으로 이끌어주시는 하나님,

주님의 보내심을 받고, 각자의 일터에서 살던 저희들을 다시 모아 주셨음에 감사드립니다. ○○교회의 공동체로 여호와께 머리를 숙였으니 영과 진리로 예배하게 하시옵소서.

과연, 저희들이 다시 오시는 주님을 기다리고 있는가를 회개합니다. 주님의 재림을 소망하지 않고, 지금, 당장에만 좋은 일들에 마음을 빼앗기고, 좋아하는 저희들을 용서해주시옵소서.

예배하는 중에 저희들이 믿음이 말씀의 반석 위에 세워지고, 하나님의 은혜를 바라는 소망을 말씀 안에서 갖게 하시옵소서. 그 소망이 기쁨이 되어 즐거움을 누리게 하시옵소서. 진리의 풍성함으로 저희들은 푸른 초장의 삶을 누리게 하시옵소서.

이 시간에, 하나님의 말씀으로 저희들의 심령을 감찰하시고 새롭게 하여 주시옵소서. 목사님께서 전해주시는 말씀에 성령님께서 친히 오셔서 강권하여 주시옵소서. 이곳에 오셔서 약한 것을 강하게 하시고 무너진 곳을 보수하여 주시옵소서.

예수님의 이름으로 기도드립니다. 아멘.

10월 1주 ‖ 결실의 달

주일 낮(대) 예배
기도를 인도해주는 말씀 _ 빌 1:11

예수 그리스도로 말미암아 의의 열매가 가득하여
하나님의 영광과 찬송이 되기를 원하노라

우리를 구원하신 하나님,

예배의 시작 | 여호와의 성일에 주님의 이름을 송축합니다. 죄로 말미암아 죽음과 저주 아래 놓여 있던 인생들에게 구원의 은혜를 베푸신 하나님의 은혜에 감사드립니다. 잃어버린 바가 되었던 자기 백성을 속량해 주신 사랑에 감사드립니다. ○○의 지체들에게 영과 진리로 예배하도록 인도해주시옵소서.

뉘우침과 회개 | 하나님의 아들을 믿는 것과 아는 일에 온 성도가 하나가 되지 못함을 회개합니다. 저희들이 그리스도의 장성한 분량이 충만한 데까지 이르지 못함을 용서해 주시옵소서. 세상의 일들로 즐거움을 찾는 데는 열심이지만 온전한 사람을 이루어 가는데 게으른 것을 주님의 보혈로 용서해주시옵소서.

오늘의 간구 | 가을이 깊어가면서 자연이 하나님을 찬양하는 이 때,

저희들도 자연의 일부로 하나님을 찬양을 드리게 하시옵소서. 높은 하늘의 아름다움이 창조주로서의 하나님을 영화롭게 하는 것처럼, 저희들의 거룩하고 흠이 없는 생활이 하나님의 하나님이 되심을 증거하기 원합니다.

하나님 아버지,

말씀의 은혜 | 사랑하는 종께서 생명을 걸고, 선포하시는 말씀이 온 성도들에게 축복이 되게 하옵소서. 저희들에게는 복된 메시지가 되게 하옵소서. 그 말씀을 귀하게 여겨 마음으로 받아 순종하려는 다짐이 있게 하옵소서. 강단에서 떨어지는 말씀이 저희들의 가슴에 담아두는 약속이 되게 하시옵소서.

공동체를 위한 중보 | 우리가 이 땅에 살면서 알지 못하는 순간에 연약함, 질병, 고통 등을 당할 수 있으나 주님의 은총으로 나음을 믿습니다.

하늘에서 임하는 크신 은혜로 말미암아 저희가 열방 중에서 주께 감사하며 주의 이름을 찬송하게 하옵소서. 지체들마다 하나님께서 주인이 되셔서 늘 함께 거하시고, 간구하는 기도를 들어주시며 위로하여 주옵소서.

예수님의 이름으로 기도드립니다. 아멘.

주일 밤(찬양) 예배
기도를 인도해주는 말씀 _ 잠 27:18

감사의 문을 열게 하시는 하나님,
주일을 마감하면서 다시 한 번 하나님 앞에 섰습니다. 저희들에게 영과 진리로 하나님께로 나아가게 하시옵소서. ㅇㅇ의 지체들이 황혼의 아름다움처럼 주님의 아름에 영광을 드리게 하시옵소서. 생각과 마음을 모아서 여호와를 경배하게 하시옵소서.
하나님의 자녀로 선택을 받았는데, 그 은혜를 잊고 지냈던 지난 시간의 행실을 회개합니다. 하나님 앞에서 살지 못하고, 자신의 생각에 갇혀서 지냈음을 죄로 깨닫게 하셨습니다. 생각이나 말, 행동으로 여호와께로부터 떠났던 죄를 용서해주시옵소서.
말씀으로 풍성한 은혜를 베풀어 주시옵소서. 저희들 모두가 하나님을 향한 믿음이 충성되고, 진실한 자녀로 살게 하시옵소서. 그 말씀을 가지고 믿음과 사랑, 소망으로 살게 하시옵소서.
이 백성에게 사회를 이루는 모든 이들이 의롭게 살아가기를 소망하게 하시옵소서. 공법을 물 같이 정의를 하수 같이 흐르게 하는 비전의 사회를 이루게 하시옵소서.
예수님의 이름으로 기도드립니다. 아멘.

수요일 밤 예배

기도를 인도해주는 말씀 _ ?

우리를 기다려주신 하나님,

하나님의 성소로 아버지의 자녀들이 나아왔습니다. 전능하신 하나님을 찬양하는 밤이 되게 하시옵소서. 영과 진리로 예배드리려 하니 저희들의 심령을 주님의 피로 씻어 주시옵소서.

여호와 잎에서 거룩하기에 힘쓰고, 애쓰는데 부족하였음을 회개합니다. 또한 감사를 잃어버리고 살아왔으니 회개합니다. 저희들이 받은 것을 헤아리면 감사할 것뿐인데도, 불평하고, 낙심하면서 지냈음을 용서해주옵소서.

저희들이 이 달에는 그리스도의 장성한 분량에 이르는 삶을 사모하면서 살아가기를 소원합니다. 오늘의 예배로 말미암아 온 성도들이 예수 그리스도 안에서 한 몸을 이루게 하셨으니 그 성호를 찬양합니다.

하늘의 백성들에게 은혜를 주시려고 목사님을 단에 세우셨음에 감사드립니다. 그의 입술을 성령님께서 주관하셔서 이 백성들이 말씀을 듣게 하시옵소서.

예수님의 이름으로 기도드립니다. 아멘.

10월 예배 대표⁺ 기도문

10월 2주 ‖ 결실의 달

주일 낮(대) 예배
기도를 인도해주는 말씀 _ 골 1:10

주께 합당하게 행하여 범사에 기쁘시게 하고
모든 선한 일에 열매를 맺게 하시며 하나님을 아는 것에 자라게 하시고

크고 영화로우신 하나님,

예배의 시작 | 하나님을 영화롭게 해드리는 날에, 거룩한 자리에 나왔사오니, 여기에 모인 이들을 거룩하게 하시옵소서. 여호와 앞에서 존귀한 지체들이 잠잠하여 주님의 이름을 높이게 하시옵소서. 그리하여 마음을 다하고, 뜻을 다하여 예배하기 원합니다. 여호와를 섬기는 성실함으로 예배하도록 하시옵소서.

뉘우침과 회개 | 아직도 옛 사람의 더러운 일들과 음란을 버리지 못하고 있음을 고백합니다. 색욕을 좇는 더러움에서 손을 떼지 못하니 용서해 주시옵소서. 비록 연약하고, 보잘 것이 없는 존재로 여겨질지라도, 우리 안에 하나님의 형상이 있으니, 담대히 세상을 버리게 하시옵소서.

오늘의 간구 | 주님의 피로 세워진 ○○ 교회를 축복합니다. 목회자

들을 중심으로 모든 성도들이 온전한 교회를 이루는 일에 헌신하게 하시옵소서. 세상을 향해서 주님의 손이 되는 교회를 보게 하시옵소서. 주님을 사랑하고 목회자들을 존경하는 공동체가 되게 하시옵소서.

하나님 아버지,

말씀의 은혜 | 은혜와 진리의 말씀을 받게 하시니 감사드립니다. 목사님을 통해서 하나님의 음성을 가까이 하게 하옵소서. "누구든지 그리스도 안에 있으면 새로운 피조물이라 이전 것은 지나갔으니 보라 새 것이 되었도다"라고 약속하심에 따라 새로워짐이 경험되는 말씀에 민감하여 새롭게 살아가게 하시옵소서.

공동체를 위한 중보 | 예수님께서 나오사 큰 무리를 보시고 불쌍히 여기시고, 그 중에 있는 병자를 고쳐 주셨던 은혜를 이 시간에, 소망합니다.

저희들의 가정에 복을 내려주시옵소서. 우리의 죄로 말미암아 지금은 찢기고 상처 나고 아픈 가정이 너무도 많습니다. 우리의 가정을 회복시켜 주옵소서. 홀로 믿는 가정을 함께 믿는 가정으로 인도해주시옵소서.

예수님의 이름으로 기도드립니다. 아멘.

주일 밤(찬양) 예배
기도를 인도해주는 말씀 _ 눅 3:9

사랑의 주 하나님,
주님의 백성들이 모두 감사의 찬송으로 할렐루야를 부릅니다. 하나님의 이름을 높이고, 세세무궁토록 영광을 바치는 한 시간이 되게 하시옵소서. 이 밤에도 성전에 하나님의 영광이 드러나게 하시고 저희들은 임마누엘로 영광을 찬양하게 하시옵소서.
이 시간에, 각 사람이 행한 대로 심판하실 하나님을 두려워하게 하시옵소서. 지난 한 주간, 주님을 기쁘시게 못하고, 육신을 위하여 살았던 죄를 회개합니다. 이기적인 욕망과 죄악에서 살아온 행실을 고백하니, 회개를 받아 주시고 용서해주시옵소서.
목사님께 영력을 더하셔서 말씀을 선포하실 때, 권능이 있는 강단이 되게 하시옵소서. 그 말씀에 순종함으로써 더욱 복을 받고, 그 은혜로 주께 붙어 있는 저희들이 되기 원합니다.
민족설화의 국조 단군을 신으로 받들어 섬기게 하려는 일들이 횡행하고 있음을 보시옵소서. 이 땅 곳곳에 단군상이 세워지고, 숭배를 조장하고 있으니, 여호와의 손으로 막아주시옵소서.
예수님의 이름으로 기도드립니다. 아멘.

수요일 밤 예배
기도를 인도해주는 말씀 _

자기를 지키게 하신 하나님,

지난 사흘 동안에, 여호와의 제사장으로서 살던 이들이 한 자리에 모였습니다. 매일, 매순간 주 안에서 기뻐하게 하시고, 그 기쁨으로 죄와 세상을 이기게 하셨음에 감사드립니다.

지나온 날들을 생각해 볼 때, 얼굴이 붉어집니다. 주님께서는 저희들을 사랑하셔서 좋은 시간을 주셨으나, 주님 앞에서 살아오지 못하였음을 고백합니다. 주님의 피로 씻어 주시고, 다시 한 번 새롭게 하옵소서.

우리를 위하여 피를 흘리신 주님을 묵상합니다. 십자가의 피로 하나님과 화목을 누리게 된 지체들이 구원의 기쁨으로 아름다운 교제를 갖게 하시옵소서. 주님의 십자가로 성도들의 한 몸 된 기쁨을 갖고, 주님을 기쁘시게 해드리게 하시옵소서.

설교하시는 목사님께 영력을 더하셔서 생명의 말씀으로 저희들이 배부르게 하여 주시옵소서 하나님의 말씀 앞에서 두려워 할 줄 아는 저희들이 되게 하시옵소서.

예수님의 이름으로 기도드립니다. 아멘.

10월 3주 ‖ 결실의 달

주일 낮(대) 예배
기도를 인도해주는 말씀 _ 벧후 1:8

이런 것이 너희에게 있어 흡족한즉 너희로 우리 주 예수 그리스도를 알기에 게으르지 않고 열매 없는 자가 되지 않게 하려니와

오직 영광이 되시는 하나님

예배의 시작 | 하나님의 은혜를 누리던 ○○의 지체들이 예배하러 나왔습니다. 영생의 지혜를 주셔서 어리석은 자들처럼 다른 신을 찾지 않게 하셨음에 감사드립니다. 인생을 죄로부터 구원해내지 못할 신에게 나아가지 않게 해주셨음을 인하여 감사드립니다. 하나님께만 영광을 드리는 한 날이 되게 하시옵소서.

뉘우침과 회개 | 저희들은 이웃을 위하여 간구와 기도와 도고와 감사를 해야 하였는데, 그렇게 못했습니다. 시간이 아까워 자신을 위한 삶에만 분주하였음을 회개합니다. 특히, 높은 지위에 있는 모든 사람을 위하여 기도하지 않는 대신에 그들에 대한 불평이 많았음을 용서하시옵소서.

오늘의 간구 | 주님의 몸 된 교회를 위해서 간구합니다. 이제까지 이 지역사회에서 빛과 소금의 사명을 감당하게 하셨음에 감사드립니다. 이 교회를 통해서 세상을 사랑하시는 하나님의 은혜가 전해지게 하시옵소서. 주님의 손이 되어 세상을 섬기는 지체들이 되게 하시옵소서.

하나님 아버지,

말씀의 은혜 | 생명과 진리의 말씀을 선포하시는 목사님께 성령님의 충만하심이 있기 원합니다. 전해주시는 그 말씀을 사랑하며 살고, 눈동자처럼 그 진리를 지키게 하시옵소서. 하나님께서 원하시는 대로 손을 움직이는 진리가 되기를 소망합니다.

공동체를 위한 중보 | 병든 자들을 치료해 주시는 은총이 ○○ 교회의 지체들에게 베풀어지기 원합니다. 성령님의 은혜를 통해서 주님의 손이 저들의 몸에 대어 주시옵소서. 그들의 연약함을 체휼하시는 하나님의 은혜가 임하기를 원합니다.

온 성도들이 주님의 팔에 의지하여 살아가시기를 원합니다. 저희들의 생애에 무한한 복을 허락해 주시옵소서. 그의 앞에 시온의 길이 열려지고, 손을 대는 것마다 풍성한 결실을 보게 하시옵소서.

예수님의 이름으로 기도드립니다. 아멘.

10월 예배 대표⁺ 기도문

주일 밤(찬양) 예배
기도를 인도해주는 말씀 _ 고후 9:8

영광이 크신 하나님,

찬송으로 예배당에 들어온 저희들이 머리를 숙일 때, 여호와의 영화로움이 이 전에 가득하기 원합니다. 주일을 성수하는 특권을 누린 지체들에게 하나님의 은혜에 찬송을 드리게 하시옵소서. 하나님의 이름에 영원히 영광을 올려드리게 하시옵소서.

잠시도 쉬지 않고, 죄인들의 구원을 기뻐하시는 하나님 앞에서 전도를 외면하고 지냈던 죄를 고백합니다. 의의 열매를 맺어야 하는 저희들의 죄를 용서해주시옵소서. 악인의 죄를 즐거워하여, 죄인의 자리에 앉았던 거짓된 삶을 불쌍히 여기시옵소서.

목사님의 말씀을 들을 때, 하나님의 음성을 듣게 하시옵소서. 성령님께서 감동을 주시기를 소망합니다. 성령님의 인도하심에 따라 진리에 순종하려는 결단을 하는 말씀이 되게 하시옵소서.

저희를 구원해 주시려고 주님께서 십자가에 달려 죽으심을 감사드립니다. 이제, ○○의 지체들에게 스스로 제물의 본이 되신 예수님을 하나님 앞에서 따르게 하시옵소서.

예수님의 이름으로 기도드립니다. 아멘.

수요일 밤 예배
기도를 인도해주는 말씀 _

예배자를 찾으시는 하나님,

여호와의 품에서 보호해 주셨다가 거룩한 예배로 불러 주시니 감사드립니다. 하나님의 은혜를 그리워하며 이 자리에 나왔습니다. 이 밤에도 영과 진리로 예배하게 하시옵소서.

저희들의 심령에 회개의 은혜를 내려 주시옵소서. 저희들의 삶은 자기 자신을 위해서만 힘쓴 생활이었음을 회개합니다. 저희들의 심령에 교만과 사욕이 있음을 용서해주시옵소서. 성령의 불로 죄악을 태워주시옵소서.

저희들의 참 기쁨이 주님이게 하시옵소서. 교회를 통해서 무엇에든지 주님의 거룩하신 뜻이 드러나기 원합니다. 저희들에게는 하나님의 뜻을 이루어 드리는 손과 발이 되게 하시옵소서.

말씀을 준비하신 목사님께 하늘의 은혜로 충만하게 해 주시옵소서. 성령님의 깨닫게 하시는 은혜로 말씀의 진리를 풍성하게 얻게 하옵소서. 그 진리로 말미암아 기도의 무릎을 꿇게 하시며, 기도를 통해서 하나님의 일을 이루어 드리도록 하시옵소서.

예수님의 이름으로 기도드립니다. 아멘.

10월 4주 ‖ 종교개혁주일 - 결실의 달

주일 낮(대) 예배
기도를 인도해주는 말씀 _ 마 13:8

더러는 좋은 땅에 떨어지매 어떤 것은 백 배,
어떤 것은 육십 배, 어떤 것은 삼십 배의 결실을 하였느니라

영광으로 계신 하나님,

예배의시작 | 오늘, 땅 끝의 모든 백성이 하나님을 앙망하기 원합니다. 주님의 날에 십자가의 보혈을 바라보고 구원의 은혜에 찬양을 올려드리기 원합니다. 한 주간 동안에 살아온 저희들의 모습을 하나님께 내어 놓습니다. 저희들을 품어 주시옵소서. 하나님의 이름에 영광을 드리게 하시옵소서.

뉘우침과 회개 | 이웃을 향해서 외모로 대하였던 죄를 회개합니다. 습관적으로 서로 구별하며 악한 생각으로 판단하는 자가 되고 말았습니다. 이제, 육신의 생각과 소욕에 매이는 죄를 벗어버리고, 오직 성령님의 충만하심으로 옷을 입어 주님과 동행하도록 인도해 주시옵소서.

오늘의 간구 | 저희들 중에 아직도 주님을 완전히 신뢰하지 못하고

의심하는 사람이 있다면 성령께서 그들을 붙드셔서 마음 중심으로 주님을 영접하게 하시고, 새로운 천국시민의 삶을 살아가게 하시옵소서. 그리고 성령께서 우리 모두를 도우셔서 좀 더 하나님과 동행하는 삶을 살아가게 하시옵소서.

하나님 아버지,

말씀의 은혜 | 강단에 목사님을 세우셔서 천국의 음성을 듣게 하셨습니다. 목사님의 대언을 통해서 말씀을 하실 때, 그 말씀이 손을 금하여 어떤 모양으로도 악을 금하는 힘이 되게 하시옵소서. 이 시간에, 한 사람도 거저 왔다가 거저 돌아가는 자가 없도록 말씀을 통하여 은혜를 내려 주시옵소서.

공동체를 위한 중보 | 병들어 눈물을 흘리고 있는 지체들을 불쌍히 여겨 주시옵소서. 주님의 보혈의 은혜로 정결케 되고, 성령님께서 연약해진 육체를 강건하게 해주시옵소서. 그들을 속히 치료해 주셔서 자유하게 하시옵소서.

주님의 명령인 땅 끝까지 복음을 전파하라 하심과 또한 때를 얻든지 못 얻든지 말씀을 전파하라 하심을 우리로 하여금 기억하게 하시옵소서. 그래서 우리가 말씀에 의지하여 복음 들고 나아가게 하여 주시옵소서.

예수님의 이름으로 기도드립니다. 아멘.

주일 밤(찬양) 예배
기도를 인도해주는 말씀 _ 요 15:2

종교개혁주일을 지키게 하신 하나님,
○○의 지체들에게 주일을 구별하는 은혜를 주셨음에 영광을 드립니다. 찬양 예배로 모인 저희들에게서 영광을 받으시옵소서. 하나님의 교회에서 영과 육이 안식을 누리게 하셨습니다.
스스로를 주님의 제자라 하면서도, 주님을 닮지 못한 삶을 살아온 것을 고백합니다. 마땅히 주님의 뒤를 따라야했건만, 손해가 되는 것에는 뒤로 물러섰음을 용서해주시옵소서. 성령님의 강권해 주시는 권면도 고의적으로 외면했으니 용서해주시옵소서.
이 밤에도 하나님의 말씀을 사랑하게 하시옵소서. 저희들의 메마른 심령이 성령님의 단비와도 같은 역사로 사막에서 꽃이 피는 것을 보게 하시고, 생수가 흘러 넘침을 누리게 하시옵소서.
저희들 한 사람, 한 사람이 예수님을 인생의 반석으로 삼아 그리스도 위에 집을 짓게 하시옵소서. 길이요, 진리요, 생명이 되시는 예수님의 인도하심에 따라 살아가게 하시옵소서. 자신을 돌아보아 주님의 뜻을 구하며 나아가게 하시옵소서.
예수님의 이름으로 기도드립니다. 아멘.

수요일 밤 예배
기도를 인도해주는 말씀 _

인애하신 주 하나님,

이 시간에, 간절한 기대와 소망을 담아 예배하게 하시옵소서. 저희들의 삶과 내 나라의 평안을 여호와께 맡기고, 여호와를 주님이라 모시고 살아가기를 다짐하는 시간이기를 원합니다.

저희들의 죄를 가릴 수 없어 회개합니다. 하나님의 자녀이기를 좋아하면서도 하나님의 자녀가 되기를 거절하며 지냈음을 용서해주시옵소서. 나만 좋으면 하나님께서 미워하시는 일도 서슴없이 행하였습니다. 주 예수님의 보혈로 깨끗하게 하시옵소서.

안타깝게도 요즈음, 저희들 주변에는 어려움으로 힘들어 하는 이들이 있으니, 그들을 불쌍히 여기시옵소서. 인생의 광풍을 만난 이들에게 함께 하셔서 풍랑을 다스려주시고, 평안케 하시옵소서. 어려움을 겪으면서 하늘의 은혜를 소망하게 하시옵소서.

말씀을 전하실 목사님에게 신령한 능력과 성령으로 충만케 하옵소서. 그의 대언하시는 입술에 하나님의 의는 영원하시며, 주님의 말씀은 진실하심을 나타내 주시옵소서.

예수님의 이름으로 기도드립니다. 아멘.

11월 1주 ‖ 감사의 달

주일 낮(대) 예배
기도를 인도해주는 말씀 _ 욘 2:9

나는 감사하는 목소리로 주께 제사를 드리며 나의 서원을 주께 갚겠나이다 구원은 여호와께 속하였나이다 하니라

찬송을 받으실 하나님,

예배의 시작 | 천국의 백성들이 다시 주님의 전에 모였습니다. 여호와 하나님께 찬송을 드리기 위해서 한 몸이 되어 머리를 숙였습니다. 여호와 앞에서 구원의 반석을 향하여 즐거이 찬양하는 저희들이 되도록 하시옵소서. 왕의 자녀들로서 영광스러운 모습으로 우렁차게 찬송하도록 하시옵소서.

뉘우침과 회개 | 스스로 하나님께 예민하기를 거절허여, 주님의 편과 세상의 편에서 어정거리며 지냈던 시간을 회개합니다. 가이사의 것과 하나님의 것을 구별하는 데 실패하고 말았습니다. 손해를 볼까 두려워서 적당히 지낸 삶을 용서해주시옵소서.

오늘의 간구 | 이 거룩한 순간에, 하나님의 은혜만이 생명의 삶을 사도록 하심을 잊지 않게 하시옵소서. 저희들의 심령이 주님의

품 안에서만 새로워질 수 있음을 찬송으로 기도드리게 하시옵소서. 저희들의 죄를 위하여 죽으신 주님을 찬양하며, 은혜를 입은 자녀다운 삶으로 하루의 삶을 채우기 원합니다.

하나님 아버지,

말씀의 은혜ㅣ말씀을 전하시는 목사님을 성령님께서 붙들어 주시옵소서. 그 말씀을 귀하게 여겨 마음으로 받아 그대로 지키겠다는 각오를 하기를 원합니다. 목사님께서 온 몸을 바쳐 말씀을 준비하셨던 그대로 저희들도 온 몸으로 받아 여호와의 율례를 쫓으며, 규례를 지키는 은혜를 누리게 하시옵소서.

공동체를 위한 중보ㅣ간절히 구하오니, 질병에서 고침을 받는 일이 하나님의 원하심이 되게 하시옵소서. 잠시 당하는 일을 통해서 합력하여 선을 이루시는 것을 보게 하시옵소서. 저희를 도우시어 어떠한 시련이 닥쳐오더라도 흔들리지 않는 마음과 고요한 확신으로 맞게 하시옵소서.

저희들이 복음의 증인 되어 우리의 가정과 우리의 일터로 가게 하시옵소서. 하나님의 말씀을 들어야 할 영혼들이 있는 곳은 어디든지 나아가서 담대히 천국의 말씀을 전하여 그 영혼이 주께로 돌아오는 놀라운 역사를 체험하게 하시옵소서.

예수님의 이름으로 기도드립니다. 아멘.

11월 예배 대표⁺ 기도문

주일 밤(찬양) 예배
기도를 인도해주는 말씀 _ 빌 1:6

전능하신 하나님,

주일을 은혜 안에서 보내고, 황혼을 맞이한 지금, 하나님의 인도하심을 바라보는 신앙의 예배로 영광을 드리게 하시옵소서. 하나님의 이름을 생각만 하여도 감격스러울 뿐입니다. 생명의 길을 누리도록 하신 은혜에 즐거워하게 하시옵소서.

세상은 저희들이 빛으로 살기를 기다렸고, 소금으로 살기를 원하였으나 그러하지 못했음을 회개합니다. 보내심을 받은 자들로서 살아가지 못했음을 용서해주시옵소서. 천국이 없는 자들과 다를 바 없이 육신의 정욕에 이끌려 산 죄를 씻어주시옵소서. 오직 진리의 말씀에 귀를 기울이고, 그것을 삶의 준거로 삼게 하시옵소서. 말씀의 은혜로 믿음에 굳게 서게 하시며, 평안히 살고, 성령님의 열매를 맺는 착한 날들이 되게 하시옵소서.

ㅇㅇ의 가족은 하나님의 나라에 소망을 두고 한 순간, 한 순간을 주님 앞에서 보내도록 도와주시옵소서. 저희들의 매일, 매일이 하나님의 마음에 합하게 쓰이는 시간이기를 원합니다.

예수님의 이름으로 기도드립니다. 아멘.

수요일 밤 예배
기도를 인도해주는 말씀 _ ?

자기 백성과 함께 하시는 하나님,

오늘, 성령님의 충만하신 임재를 통해서 하늘의 사람으로 지음을 받기 위하여 하나님을 찾았습니다. 이 밤에 은혜를 받아 다시 세상을 향해서 사랑으로 나아가게 하시옵소서.

저희들에게 주신 시간을 거룩하게 살고, 성령님의 열매를 맺어드리는 삶이어야 했음에도, 그렇지 못하였습니다. 인간의 이기적인 욕심으로 지내온 삶이었음을 고백합니다. 주님 앞에서 어떤 것으로도 감출 수 없음을 고백하니 용서해주시옵소서.

저희들이 이 달에는 성숙함을 향하여 살아가기를 소원합니다. 오직 성경으로, 오직 믿음으로, 오직 하나님의 영광으로 살게 하시옵소서.

오늘도 단 위에 서신 목사님을 위하여 간구합니다. 귀한 종에게 사자의 권위와 감화하는 말씀의 능력을 나타내 주옵소서. 성령님의 충만하심과 지식을 더하셔서 이 시간에, 저희들에게 꼭 필요한 말씀을 선포하게 하시옵소서.

예수님의 이름으로 기도드립니다. 아멘.

11월 예배 대표 + 기도문

11월 2주 ‖ 감사의 달

주일 낮(대) 예배
기도를 인도해주는 말씀 _ 시 145:10

여호와여 주께서 지으신 모든 것들이 주께 감사하며
주의 성도들이 주를 송축하리이다

생명을 주시는 하나님,

예배의 시작 | ○○의 지체들이 아버지의 이름을 부르며 나옵니다. 시간과 날을 주셔서 저희들이 생명의 삶을 살고 있음에 감사드립니다. 돌이켜 보건대 한 주간의 삶은 우리 하나님께서 살펴주시고, 돌아보심의 은혜였습니다. 그 사랑에 감사하여 찬미의 제사를 드리는 예배의 시간이 되게 하시옵소서.

뉘우침과 회개 | 천국 시민으로서 거룩한 의무가 있음을 알면서도 불신자들의 눈치를 살피는 생활을 해왔습니다. 다시 한 번, 마음을 감찰하시는 하나님을 기쁘시게 하려는 다짐을 합니다. 여호와를 앙망하는 자들에게 새 힘을 주시옵소서.

오늘의 간구 | 하나님의 성전에서 꿇어 엎드린 주의 사랑하는 성도들을 위하여 빕니다. 눈물 흘리며 기도하는 기도를 들으시고

좋은 것으로 응답해 주시옵소서. ○○ 교회의 권속들을 온전히 이끄셔서 더 굳센 믿음 위에 서게 해주시옵기를 간절히 간구합니다. 그 믿음으로 주 하나님을 우리의 반석으로 예배하게 하시고, 그리스도 안에서 살아가도록 은혜를 더하시옵소서.

말씀의 은혜 | 의의 제사장으로 구별함을 받으신 목사님께서 전하시는 말씀에 감격하는 은혜를 누리게 하시옵소서. 천상의 소리로 전해지는 말씀에 무릎을 꿇는 은혜를 주시옵소서. 사랑하는 지체들이 말씀의 영으로 충만해져서 진리의 풍성함을 누리게 하시옵소서.

공동체를 위한 중보 | 주님께서 백성 중의 모든 병과 모든 약한 것을 고치셨던 사실을 바라봅니다. 그 은혜가 오늘, 병들어 고통 중에 신음하는 내 형제와 자매들에게 임하여, 치료의 광선을 쪼여 주시옵소서.

저희들을 여호와의 구별된 지체로 삼으셨으니, 우리 ○○ 교회를 향한 하나님의 계획이 있음을 믿습니다. 사탄이 의의 용사를 넘어지게 하려고 갖은 공격을 해올 때, 십자가의 군병이 되어서 대항하는 담대함을 주시옵소서.

주일을 거룩하게 지키는 지체들을 은혜와 진리로 충만하게 하시옵소서. 하나님을 기쁘게 해드리는 사람이 되게 하시옵소서. 예수님의 이름으로 기도드립니다. 아멘.

11월 예배 대표⁺ 기도문

주일 밤(찬양) 예배
기도를 인도해주는 말씀 _ 마 6:26

복을 내려 주신 하나님,
이 가을에 거두어들인 것들이 많아 여호와의 도우심을 찬송한 은 밤이 되게 하시옵소서. 베풀어 주시는 은혜를 생각할 때, 참으로 감사의 찬송으로 나아오게 하시옵소서. 이 백성을 날마다 지켜 보호하여 주심을 깨달을 때, 더욱 더 감사드립니다.
성령님께서 깨달음을 주시는 대로 지은 죄악을 회개하기 원합니다. 하나님께서 베풀어 주신 복은 즐거워하면서도, 마땅히 자녀 된 삶을 살지 못한 것을 용서해주시옵소서. 하나님의 뜻을 구하기보다 나의 생각대로 살아왔음을 불쌍히 여기시옵소서.
목사님을 강단에 세워주셨습니다. 저희들이 하나님의 말씀으로 인하여 복을 받게 하시옵소서. 그 약속의 말씀으로 소망을 갖게 하심으로 세상을 이기는 복을 누리게 하시옵소서.
돌아보니, 금년에도 주신 것들이 많이 있습니다. 저희들이 소유하고 있는 모든 것이 주님께서 허락해 주셨으니 하나님의 뜻을 위해 사용하도록 이끌어 주시옵소서.
예수님의 이름으로 기도드립니다. 아멘.

수요일 밤 예배
기도를 인도해주는 말씀

성소에 오르게 하신 하나님,
이 밤에, 예배하러 모인 ㅇㅇ의 지체들을 거룩하게 하시옵소서. 저희들이 마음의 눈으로 주님만을 바라보며, 하나님의 은혜에 응답하는 예배를 드리게 하시옵소서.

저희들의 죄를 고백합니다. 주님의 사람이 되어 살아가는데 부족하였음을 회개합니다. 저희들이 작은 예수로서의 모습을 드러내지 못한 것을 회개합니다. 주님의 손과 발이 되어서 사랑하고, 섬기는 삶을 살지 못하던 죄를 용서해주시옵소서.

주님과 복음을 위하여 자신을 내어놓은 저희들과 ㅇㅇ교회가 되도록 이끌어 주시옵소서. 하나님의 일이 이루어지고, 주님의 나라가 어서 속히, 이루어지는데 힘을 다하기를 원합니다. 부르심을 받은 대로 자신의 위치에서 충성하게 하시옵소서.

오늘도, 감사함으로 주님의 말씀을 받는 시간이기를 소망합니다. 진리의 말씀으로 저희들을 새롭게 하실 목사님의 기도에 응답하셔서 말씀이 풍성한 시간이 되게 하옵소서.

예수님의 이름으로 기도드립니다. 아멘.

11월 3주 ‖ 추수감사주일 - 감사의 달

주일 낮(대) 예배
기도를 인도해주는 말씀 _ 시 57:9

주여 내가 만민 중에서 주께 감사하오며
뭇 나라 중에서 주를 찬송하리이다

만민 중에서 감사하도록 하신 하나님,

예배의 시작 | 추수감사의 영광을 하나님께 드리려고 모인 지체들입니다. 크게 거두어들인 기쁨을 감사하는 예배의 즐거움을 주셨으니, 그 이름을 찬송하는 권속들과 즐거워하기를 원합니다. 하나님 앞에 나온 권속들마다 여호와의 이름에 영광을 드리고, 그 이름을 찬송하게 하시옵소서.

뉘우침과 회개 | 주님께서는 선한 싸움을 싸우라 하셨건만, 저희들은 하나님의 말씀을 가까이 하지 않았습니다. 주님의 원하심대로 믿음과 착한 양심을 갖으려 하지도 않았고, 오히려 불신자들과 똑같은 방법으로 살기를 더 좋아했으니 용서해주시옵소서.

오늘의 간구 | 하나님 앞에 설 때마다, 먼저 감사로 나아오는 저희들이 되게 하시옵소서. 늘 저희들의 원하는 것보다 이제까지 베

풀어주신 은혜에 대하여 묵상하게 하시옵소서. 하나님의 은혜를 알고, 감사로 영광을 드리는 자녀들이 되게 하시옵소서. 땅에 있는 모든 것들이 주님의 아름다우심을 찬양하기 원합니다.

하나님 아버지,

말씀의 은혜 | 목사님께서 목숨을 바쳐 말씀을 전하실 때, 그 진리를 따를 것을 다짐하게 하시옵소서. 한 마디, 한 마디의 말씀에서 진리를 구하게 하시고, 지키고 따를 생명의 길로 받게 하시옵소서. 저희 무리에게 전하시도록 하나님께서 주시는 말씀을 가감 없이 전하시게 성령님께서 역사해 주시기를 소망합니다.

공동체를 위한 중보 | 사랑의 주님께서 과부를 보시고 불쌍히 여기사 울지 말라 하셨던 것을 기억합니다. 우리 ○○의 권속들 중에, 아파서 신음하는 모든 환자들을 불쌍히 여겨주시옵소서. 재정의 위기에 처한 가정들은 돌아보아 주시옵소서.

○○ 교회의 지체들로 하여금 이 끝에서 저 끝까지에 있는 모든 인생들이 주님의 이름을 찬양하게 하시옵소서. 저희들의 눈과 마음도 열어 주시옵소서. 저희들이 미처 보지 못했던 가난한 자의 눈물을 보게 하시옵소서. 미처 듣지 못했던 억울하고 억눌린 자의 비명소리도 듣게 하시옵소서.

예수님의 이름으로 기도드립니다. 아멘.

주일 밤(찬양) 예배
기도를 인도해주는 말씀 _ 마 5:16

감사함으로 나아오게 하신 하나님,
저희들에게 은혜를 베푸셔서, 주일을 추수감사절로 성수하게 하셨음에 감사드립니다. ○○ 교회의 성도들이 금년 한 해를 풍성하게 하시며, 부요하게 하신 하나님의 손길을 묵상하게 하시옵소서. 받은 은혜에 감사드리는 예배가 되기를 원합니다.
내 손에 취한 것들의 부족함만을 보고 하나님을 원망했음이 기억납니다. 지금, 자복하고 불신앙으로 살았던 죄악을 회개합니다. 하나님 여호와께 영광을 돌리지 않았음을 용서해주시옵소서. 작은 것에 감사하고 기뻐하지 않았음을 용서해주시옵소서.
진리에 갈급한 저희들에게 신령한 말씀을 주시옵소서. 말씀을 받을 때, 꿀과 송이 꿀보다 더 단 말씀이 되기를 빕니다. 하늘의 문을 여시고 내려 주시는 말씀에 소성케 하시옵소서.
하나님은 저희에게 정말 감사해야 할 것을 주셨으니, 오늘은 종일 베풀어 주신 것들을 기억하며 감사하게 하시옵소서. 크신 손길로 저희들을 만족하게 하신 그 인자하심을 찬양합니다.
예수님의 이름으로 기도드립니다. 아멘.

수요일 밤 예배
기도를 인도해주는 말씀

산 자들의 하나님,

주일을 지나 사흘 동안에 분주하게 지내던 삶을 내려놓고, 여호와를 찾게 하셨음에 감사드립니다. 지금, 찬양의 소리가 예배당 안에 퍼질 때, 하나님은 영광을 받으시옵소서.

지난 시간을 돌이켜보니, 저희들은 말 그대로 죄와 허물의 삶이었습니다. 고의로 하나님의 것과 가이사의 것을 구별하기를 꺼려했습니다. 단호하게 불의를 거절하지 못해 비겁했었습니다. 가슴을 치면서 회개했던 세리의 가슴을 주시옵소서.

오늘도 하나님의 말씀이 위로가 되고, 즐거움이 되기 원합니다. 또 다시 삶의 현장에서 살아갈 때, 힘이 되고, 용기가 되도록 이끌어 주시옵소서. 은혜와 진리 안에서 십자가를 지고 인내의 힘과 변하지 않는 믿음으로 그리스도를 따르게 하시옵소서.

주의 사자를 통하여 말씀하실 때 저희의 마음이 열리게 하시옵소서. 말씀을 듣는 중에 병든 자가 나음을 입게 하시고, 상처받은 영혼이 위로받게 하시옵소서.

예수님의 이름으로 기도드립니다. 아멘.

11월 4주 ∥ 감사의 달

주일 낮(대) 예배
기도를 인도해주는 말씀 _ 대상 16:8

너희는 여호와께 감사하며 그의 이름을 불러 아뢰며
그가 행하신 일을 만민 중에 알릴지어다

하늘에 계신 하나님,

예배의 시작 | 아침의 해가 떠오르면서 주님의 날을 맞이하도록 하셨습니다. 여호와는 크신 하나님이심을 찬송하면서 이 자리에 모였습니다. 원근 각처에 흩어져 있던 ○○의 지체들로부터 영광을 받으시옵소서. 주님의 은혜가 있었기에 평안했던 저희들이 찬양하면서 예배하는 한 시간이 되기 원합니다.

뉘우침과 회개 | 주님의 온유하심을 닮아 듣기는 속히 하되 말하기는 더디 하며, 성내기도 더디 해야 하였으나 그렇지 못했음을 고백합니다. 주님의 보혈로 깨끗하게 씻어주시고, 우리를 새롭게 하시옵소서.

오늘의 간구 | 교회를 위하여 기도드립니다. 오직 주님께서 교회의 주인이 되어 주시고, 성령께서 교회를 늘 인도하셔서 성장하

게 하시옵소서. 저희들에게는 ○○ 교회가 사랑의 교제가 살아 있게 하시며, 하나님의 나라에 대한 소망을 잃지 않는 공동체가 되게 하시옵소서. 이 교회에 속한 모든 성도들이 참된 믿음 안에서 살아가도록 이끌어 주시옵소서.

하나님 아버지,

말씀의 은혜 | 생명과 진리로 이르는 말씀을 받게 하시니 감사드립니다. 저희들은 그대로 말씀을 받아 지키는 거룩한 무리가 되기를 소망합니다. 오늘, 저희 ○○교회의 권속들이 들어야만 하는 생명의 말씀이 선포되기를 간절히 원합니다. 이삭을 줍듯이 겸손한 심정이 되어 말씀에 귀를 기울이게 하시옵소서.

공동체를 위한 중보 | 성령님의 강한 기름 부으심이 임하여 우리를 괴롭히고 있는 질병에서 고침을 받게 하시옵소서. 사랑하는 지체들이 시달리고, 육체가 연약해져서 낙심될 때, 그들을 병상에서 붙들어주시고, 고쳐 주시옵소서.

저희들이 독수리 같이 새롭게 되어 주님의 뜻을 이루게 하옵소서. 주님께서 주시는 은혜로 만족하게 하옵소서. 약한 자에게는 힘이 되게 하시고, 좌절한 자에게는 희망을 나누어주는 자 되는 복에 참여하게 하시옵소서.

예수님의 이름으로 기도드립니다. 아멘.

주일 밤(찬양) 예배
기도를 인도해주는 말씀 _ 사 17:5

예배하게 하시는 하나님,

오늘은 종일, 여호와 앞에서 지내다가 예배로 영광을 드리니 받으시옵소서. 예루살렘을 떠나지 않고, 성령님을 기다렸던 초대 교회의 믿음이 저희 교회에도 있음에 감사드립니다. 여호와의 이름 앞에서 마음으로 무릎을 꿇고 경배하게 하시옵소서.

여호와의 은혜가 넘침은 저희들끼리만 흡족해 하라 하심이 아님에도 만족하는데 그친 죄를 고백합니다. 하나님께서 저희들에게 주심은 그것으로 여호와께 감사하고, 그 이름을 영화롭게 해드려야 하였으나 그렇게 하지 못한 죄를 용서해주시옵소서.

하나님의 말씀을 사모합니다. 목사님께서 말씀을 전하실 때, 죄에 대하여 애통해 하는 교회가 되고, 의에 주리고 목마른 교회가 되게 하시옵소서. 복 있는 성도들로 인도해주시옵소서.

저희들에게 주신 이 감사를 이제 깨닫고, 저희들이 갖고 있는 것을 모아서 다른 사람들에게도 나누어 줄 수 있는 마음을 주시옵소서. 이것이 우리들의 감사의 증거가 될 것을 믿습니다.

예수님의 이름으로 기도드립니다. 아멘.

수요일 밤 예배
기도를 인도해주는 말씀

복을 주시는 하나님,

이 밤에, 성령님의 임재와 하나님의 말씀을 사모하는 ○○ 교회의 지체들에게 복을 내려 주시옵소서. 하나님을 구하는 저희들에게 영과 진리로 예배하게 하시옵소서.

성령님께서 저희들의 죄를 보여 주심에 감사드립니다. 주님께서 미워하시는 일들을 저지르고도 주 앞으로 나왔으니 받아주시옵소서. 순간의 이익을 얻으려 거짓된 관계를 맺고, 하나님 앞에서는 교만했음을 회개하니 용서해주시옵소서.

매일, 매일을 살아갈 때, 사람들 앞에서 높아지려는 마음을 버리는 훈련을 받기 원합니다. 겸손한 마음으로 있게 하시고, 이웃과는 존경과 관대로서 대하는 삶을 보게 하시옵소서. 날마다 하루의 삶에서 예수님의 향기를 드러내도록 이끌어 주시옵소서.

설교하시는 목사님께 영력을 더하셔서 생명의 말씀으로 저희들이 배부르게 하여 주시옵소서. 생명의 말씀이 이 교회에 충만하여 진리가 풍성한 교회가 되기를 원합니다.

예수님의 이름으로 기도드립니다. 아멘.

11월 5주 ‖ 대림절 1주일 - 감사의 달

주일 낮(대) 예배
기도를 인도해주는 말씀 _ 삼하 22:50

이러므로 여호와여 내가 모든 민족 중에서
주께 감사하며 주의 이름을 찬양하리이다

임마누엘이 되어 주신 하나님,

예배의 시작 | 대림절의 첫째 주일을 맞이하여 구주로 오신 아기 예수님을 묵상합니다. 예수님께서 오셨던 처음 성탄절을 기다리는 저희들에게 예배하게 하시옵소서. 저희들을 위하여 임마누엘이 되어주신 하나님의 사랑에 영광을 드리게 하시옵소서. 소망의 빛으로 오신 주님의 이름을 찬송하게 하시옵소서.

뉘우침과 회개 | 살아가면서 감당해야 하는 하나님의 일들이 많았지만, 그때마다 다른 생각과 일들이 겹쳐져서 정작 주님의 일은 놓쳐버렸음을 회개합니다. 베드로를 꾸짖어 하나님의 일을 생각지 아니하고 도리어 사람의 일을 생각한다고 하신 나무람은 저희들이 들어야 했습니다. 용서해주시옵소서.

오늘의 간구 | 저희를 도우시어 어떠한 시련이 닥쳐오더라도 흔들

리지 않는 마음과 고요한 확신으로 맞게 하시옵소서. 유혹 앞에서 강건케 하시기 원합니다. 우리를 구원하신 주님께 충성을 바치게 하시고, 주님께서 다시 오시는 그날까지 예수님의 이름만 의지하도록 하시옵소서. ○○ 교회의 지체들이 주님의 영광을 드러내는 살아있는 믿음을 갖게 해 주심을 빕니다.

하나님 아버지,

말씀의 은혜 | ○○의 지체들을 위하여 목사님의 입술에 의해서 들려지는 말씀을 받도록 저희들이 심령을 열어 주시옵소서. 한 마디, 한 마디의 말씀을 아멘으로 받게 하시옵소서. 생명을 바쳐 준비하신 말씀을 온 회중은 생명으로 받게 하시옵소서. 그 말씀으로 영혼이 살고, 천국의 백성으로 살아가게 하시옵소서.

공동체를 위한 중보 | 지체들 중에, 병들어 고통의 눈물을 흘리는 이들을 불쌍히 여겨 주시옵소서. 병든 자와 상처받은 이들은 지금, 새 힘을 얻을 수 있도록 역사하여 주시옵소서.

저희들이 그리스도의 사랑으로 이 지역 사회를 섬기며, 하나님이 공급하시는 능력과 지혜로써 이 지역을 변화시킬 수 있도록 은혜를 더하여 주옵소서. 그래서 저희 교회가 이 지역에 그리스도의 빛을 비추는 희망의 등대가 되게 하여 주옵소서.

예수님의 이름으로 기도드립니다. 아멘.

주일 밤(찬양) 예배
기도를 인도해주는 말씀 _ 갈 6:9

처음 성탄절을 묵상하게 하시는 하나님

대림절의 은혜를 묵상하면서 주일을 보냈습니다. 메시야가 우리에게 오셨음을 찬양하면서 성탄절을 기다리는 한 밤이 되게 하시옵소서. 다시 무릎을 꿇은 ○○의 지체들의 예배가 하나님께 영광이 되게 하시옵소서.

주님께서 아기로 오신 밤에 목자들은 영광을 보았건만 저희들은 하나님의 영광을 보는 것에 관심이 없었음을 회개합니다. 저희들의 심령이 죄로 더러워졌고, 마음이 죄로 가득 찼기에 아기 예수님을 경배하지 못함을 용서해주시옵소서.

이 밤에도 생명의 말씀을 기다립니다. 그 말씀을 통해서 주님의 십자가를 높이 들고, 사랑으로 죄악에 대항하게 하시옵소서. 행함과 진실함의 사랑으로 세상을 이기게 하시옵소서.

이 밤에도, 감사로 찬양을 불러도, 못다 부를 감사의 노래가 있게 하신 주님을 경배합니다. 저희들의 제단이 형식적으로 만들어진 것이 되지 않게 하시옵소서.

예수님의 이름으로 기도드립니다. 아멘.

수요일 밤 예배
기도를 인도해주는 말씀 _

하늘 아버지 하나님,

하늘의 소망 안에서 지내던 ㅇㅇ의 지체들이 하나님의 전을 찾았습니다. 저희들, 예배하는 공동체로 서로 섬기게 하시옵소서. 이 밤에 돌이켜보니, 베드로만 주님을 부인했던 것이 아님을 고백합니다. 착한 일을 하면서 하나님께 영광을 드리도록 보내진 생활의 현장에서 그리스도를 믿지 않는 자들처럼 행동했던 것을 회개합니다. 주님께 드림보다 자신의 유익을 구했던 죄를 용서해주시옵소서.

오늘이라는 이 삶이 산 제물로 드려지는 생활이 되게 하옵소서. 이미 저희들의 삶이 주님의 소유되어 살아가게 하시옵소서. 주님의 품에서 소망 가운데 즐거워하고 사랑으로 불타게 하시옵소서. 그리스도 안에서 제 몸은 주님의 것임을 고백합니다.

목사님께서 전해주시는 하나님의 말씀에 주목하게 하시옵소서. 그 말씀이 저희들에게 천국의 사람으로 살아가는 양식이 되게 하시옵소서.

예수님의 이름으로 기도드립니다. 아멘.

12월 1주 ‖ 영광의 달

주일 낮(대) 예배
기도를 인도해주는 말씀 _ 롬 15:6

한마음과 한 입으로 하나님 곧 우리 주 예수
그리스도의 아버지께 영광을 돌리게 하려 하노라

경배를 받으시기에 마땅하신 하나님,

예배의 시작 | 오늘, 저희들을 불러 예배하게 하셨습니다. 하나님께 영광을 드리는 ○○의 지체들이 되게 하시옵소서. 저희들이 예배할 때, 이 땅에서 지내는 모든 인생들로부터 영광을 받으시옵소서. 생명이라 이름이 붙은 모든 것들도 하나님의 주님이 되심에 경배하게 하시옵소서.

뉘우침과 회개 | 때를 얻든지 못 얻든지 항상 복음을 증거하기에 힘을 썼어야 하였건만, 저희 자신의 이기심과 자존심을 앞세우며 살았습니다. 주님의 피로 용서해주시고, 모든 일에 근신하여 고난을 받으며 전도인의 일을 하게 하시옵소서. 말씀을 전파하는 삶을 살지 못했음을 용서해주시옵소서.

오늘의 간구 | 예수님의 나심을 축하하는 이 계절에, 하나님께 영광

을 드리게 하시옵소서. 약속대로 오셨던 메시야를 찬양하는 ○○의 지체들이 되게 하시옵소서. 예배하러 모인 저희들은 마음을 다하여, 하나님을 경배하고 나신 아기께 영광을 드리게 하시옵소서. 성탄의 계절이 더욱 영광이 되기를 소원합니다.

하나님 아버지,

말씀의 은혜 | 성령 하나님의 역사하심이 강단에서 전해지는 말씀에 나타나기를 소원합니다. 그 말씀, 진리의 말씀에 새로워지고, 힘을 얻게 하시옵소서. 하나님의 음성에 순종하여 주님의 사랑 안에 거하기를 소망합니다. 그 말씀으로 또 다시 시작되는 한 주간의 삶이 생명의 활력으로 넘치게 하시옵소서.

공동체를 위한 중보 | 안타깝게도 질병으로 인하여 고통을 받는 지체들이 있습니다. 주님께서 병든 지체들을 병상에서 붙드시고, 갈보리의 보혈로 질병의 근원을 깨끗케 하여 주시옵소서.

오늘, 예배하는 중에, ○○의 지체들의 마음을 누르고 있는 악한 세력을 물리쳐 주시옵소서. 흑암의 세력을 걷어내시고, 우리 주님의 피가 묻은 손으로 어루만져 주시기를 빕니다.

예수님의 이름으로 기도드립니다. 아멘.

주일 밤(찬양) 예배
기도를 인도해주는 말씀 _ 사 43:19

영광을 받으실 하나님,

사랑하는 ○○의 지체들에게 주일을 성수하게 하신 여호와의 이름을 높여드립니다. 저희들의 구속을 위해 하나님께서 하신 일을 즐거워하면서 모든 성도들이 주일을 지켰습니다. 이 밤에도 주님의 이름을 높이는 찬양 예배를 드리게 하시옵소서.

주님께 자신을 내어드리지 못하고 살았던 죄를 고백합니다. 여전히 나 자신이 주인의 자리에 있으면서 주님을 부리지 않았는지 돌아보며 회개합니다. 주님을 주님으로 모시지 못했던 죄를 용서해주시옵소서. 상한 심령을 주님의 보혈로 씻어주시옵소서.

귀한 밤에, 목사님께서 말씀을 들려주실 때, 그 말씀으로 의와 평강과 희락이 넘쳐나게 하시옵소서. 말씀에 담겨있는 약속을 기쁨으로 받고, 영원히 영광을 드리게 하시옵소서.

저희들의 심령에 성령의 충만함이 역사하여, 빛으로 오신 주님을 기억하는 대림절의 믿음을 나타내 보이게 하시옵소서. 아기 예수의 오신 것을 찬양하면서 성탄절을 기다리게 하시옵소서.

예수님의 이름으로 기도드립니다. 아멘.

수요일 밤 예배
기도를 인도해주는 말씀 _

자기 백성을 돌아보시는 하나님,

날마다 하늘의 은혜로 살게 하셨다가, 거룩한 전으로 올라오게 하셨음에 감사드립니다. 각자에게 주어진 삶의 자리에서 지내다가 주님의 이름으로 모였습니다.

이 밤에, 주님의 십자가 밑에 저희들의 죄를 풀어놓습니다. 하나님께서는 불꽃같으신 눈동자로 보호해 주셨으나 그 품을 떠나 있었던 죄를 회개합니다. 주님을 사랑하기에 게을렀던 불신앙의 죄를 용서해주시옵소서.

저희들이 이 달에는 저희들의 삶이 하나님께 드림이 되기를 사모하여 살아가기를 소원합니다. 이 시간에, 저희들의 심령이 가난해지게 하시옵소서. 지난날의 살아왔던 더럽고 추한 모습을 기억하며 애통해 하게 하시옵소서.

목사님을 통해서 영생복락의 말씀을 듣게 하시옵소서. 저희들의 심령은 옥토의 심령으로 준비되어서 말씀을 받을 준비가 이루어지고, 순종으로 받게 하옵소서.

예수님의 이름으로 기도드립니다. 아멘.

12월 2주 ‖ 성서주일 - 영광의 달

주일 낮(대) 예배
기도를 인도해주는 말씀 _ 빌 2:11

모든 입으로 예수 그리스도를 주라 시인하여
하나님 아버지께 영광을 돌리게 하셨느니라

생명의 말씀을 밝혀주신 하나님,

예배의 시작 | 성서주일의 아침에 성경을 손에 들게 해주신 하나님께 찬미의 예배를 드리게 하시옵소서. 예배할 때, 성경을 주시면서 땅 끝까지 복음을 전하라고 하신 하나님의 명령을 따를 다짐을 드리게 하시옵소서. 하나님의 말씀이 열방에 보급되어 모든 민족이 소성하는 은혜를 앙망하게 하시옵소서.

뉘우침과 회개 | 빛이며, 소금이 된 신분으로 살 되, 오직 선을 행하라 하셨으나 자신의 유익만을 구하는 삶을 살았음을 회개합니다. 서로 나눠주는 삶을 기쁘게 제사로 받으시는 하나님을 잊고, 습관적으로 욕심을 구하며 지냈습니다. 주님의 보혈로 죄를 씻음 받고, 모든 선한 일에 너희를 온전케 하게 하시옵소서.

오늘의 간구 | 은혜의 옷을 입은 ○○의 백성들이, 이 날을 거룩하게

여기시고 예배의 날로 정하신 주님을 묵상합니다. 우리가 구원의 첫 은혜를 누렸을 때, 꿈꾸던 것 같았던 감격으로 영광을 올려 드리게 하시옵소서. 그 영광으로 저희들은 즐거워하고, 이 전에는 성령님의 충만하심이 있기를 빕니다.

하나님 아버지,

말씀의 은혜 | 목사님께서 대언하시는 말씀 속에서 삼위 하나님의 거룩하심과 전능하심이 선포되게 하시옵소서. 저희들을 또 다시 생명의 삶으로 이끄시려고 말씀을 주시니 감사드립니다. 오늘 주시는 말씀이 영혼을 치료하는 약이 되기를 소망합니다.

공동체를 위한 중보 | 하나님께서는 지난 한 주간 동안에도 저희들을 능하게 하셨습니다. 사람들이 귀신 들린 자를 많이 데리고 예수께 오거늘 예수께서 말씀으로 귀신들을 쫓아내시고 병든 자들을 다 고치셨던 사실을 기억합니다.

사탄은 저희들을 쓰러뜨리려고 갖가지의 방법으로 유혹하고 있으나 성령님께서 불 칼과 불 병거로 막아주시옵소서. 악한 생각의 자리에 함께 하지 못하도록 붙잡아 주시옵소서. 오직 여호와를 즐거워하고, 하늘의 은혜를 구하게 하시옵소서.

예수님의 이름으로 기도드립니다. 아멘.

주일 밤(찬양) 예배
기도를 인도해주는 말씀 _ 잠 24:27

성서주일을 지키게 하신 하나님,

많은 사람들 가운데서 하나님의 자녀로 선택해 주시고, 주일을 지키게 하셨음에 감사드립니다. 천국을 사모하는 은혜를 주셨으니, 여호와를 찬미하는 예배를 드리게 하시옵소서.

성경에서 영생을 얻는 줄 알고 상고하지 않은 죄를 뉘우칩니다. 성경을 대하되, 말씀을 사모하지 않아 꿀보다 더 단 말씀의 맛을 깨닫지 못하였음을 회개합니다. 성경의 보급을 위해서 기도하지 못한 죄를 용서해주시옵소서. 성경의 보급과 반포에 힘쓰는 이들을 위하여 기도하게 하시옵소서.

말씀을 준비하신 목사님께 더욱 성령님으로 충만하게 하시옵소서. 그 말씀에 능력이 있어, 사람들을 두려워하지 않고, 주 안에서 기뻐하는 삶을 살게 하시는 격려가 되게 하시옵소서.

오늘, 저희들은 성경의 반포사업을 위해 특별히 헌금을 드렸습니다. ○○의 지체들이 성서의 반포를 위해 드린 작은 헌신으로, 한 부족의 성경이 더 만들어져서 배포되게 하시옵소서.

예수님의 이름으로 기도드립니다. 아멘.

수요일 밤 예배
기도를 인도해주는 말씀

소원대로 허락하신 하나님,

하나님의 백성들을 사흘 동안에도 지켜주시고, 다시 모이게 하셨음에 감사드립니다. 금년에 우리의 소원을 이루어주셨습니다. 저희들의 허물을 보게 하심에 감사드립니다. 겹겹이 쌓인 허물의 얼룩으로 감히 얼굴을 들지 못함을 용서해주시옵소서. 즉시 죄를 고백하고, 참회했어야 하였는데, 죄를 변명하기 위해서 또 다른 죄를 지었던 어리석음을 용서해주시옵소서.

성탄의 메시지를 받고 주님을 경배했던 처음 성탄절의 은혜를 저희들도 누리게 하시옵소서. 이미 오신 예수님을 기뻐하고, 주님께 합당한 경배를 드리게 하시옵소서. 최고의 것, 최대의 것으로 예물을 준비하면서 성탄절을 기다리기 원합니다.

주의 사자를 통해서 저희들에게 들려주시는 그 말씀이 좌우에 날선 검과 같이 예리하게 하셔서 우리의 심령과 골수를 쪼개고도 남음이 있게 하시옵소서. 하나님의 말씀 앞에서 우리 자신의 모습을 발견하고 주께로 돌아오는 시간이 되게 하시옵소서.

예수님의 이름으로 기도드립니다. 아멘.

12월 3주 ‖ 성탄절주일 - 영광의 달

주일 낮(대) 예배
기도를 인도해주는 말씀 _ 마 2:11

집에 들어가 아기와 그의 어머니 마리아가 함께 있는 것을 보고 엎드려 아기께 경배하고 보배합을 열어 황금과 유향과 몰약을 예물로 드리니라

예배하도록 불러주신 하나님,

예배의 시작 | 인류를 죄로부터 구해주시려고 예수님이 나셨음에 감사드립니다. ○○의 지체들에게 구세주께서 나셨던 거룩한 밤을 기억하면서 예배하게 하시옵소서. 주님의 나심으로 돋는 해가 위로부터 임하였음을 기뻐하게 하시옵소서.

뉘우침과 회개 | 주님의 사랑은 인내를 온전히 이루라 하셨으나 그렇지 못하였음을 고백합니다. 오직 인내를 통해서 하나님 앞에서 온전함이 구비되는 데도 인내하기를 괴로워하였습니다. 할 수만 있으면 인내하지 않고서도, 하나님 앞에서 인정받기를 원했던 삶을 회개합니다.

오늘의 간구 | 이 시간에, ○○ 교회의 성도들이 여호와의 이름을 찬양하면서 아기 예수님을 경배할 때, 하나님의 영광이 천지에 뛰어나기 원합니다. 여호와의 이름이 홀로 높으시기 원합니

다. 하나님의 거룩하심을 입은 자녀들은 성탄의 은혜를 누리며 구원의 복락을 즐거워하게 하시옵소서.

하나님 아버지,

말씀의 은혜 | 오늘도 생명의 샘에서부터 흘러나오는 은혜와 진리의 풍성함을 누리게 하시옵소서. 간절히 사모하는 심령으로 받아 평생에 지키고 따를 생명의 약속이 되게 하시옵소서. 하나님 앞에서 굳게 자키는 언약의 말씀이 되게 하시옵소서.

사역을 위한 중보 | 거룩한 한 시간의 예배를 위해 헌신된 일꾼들에게 은혜를 주옵소서. 예배를 드릴 때, 여호와의 행사하심이 크게 보이고, 두려운 마음으로 봉사하게 하시옵소서.

공동체를 위한 중보 | 병들었을 때, 고쳐 줄 것이라는 하나님의 말씀을 기억하니, 치유의 은총을 베풀어 주시옵소서. 질고로 말미암아 슬퍼하는 자들에게 위로를 다시 얻게 하시옵소서.

저희들 모두에게 신실하신 하나님의 약속을 믿고 기다릴 수 있는 인내를 주시옵소서. 새 하늘과 새 땅을 소망하면서 오늘을 살아가도록 인도해주시옵소서.

예수님의 이름으로 기도드립니다. 아멘.

주일 밤(찬양) 예배
기도를 인도해주는 말씀 _ 민 15:12

임마누엘이 되어주신 하나님,
지금, 온 교회에 하나님의 영광이 넘치기를 원합니다. 아기 예수님의 오심을 기뻐하고, 구주가 나셨음의 감격으로 즐거워하는 지체들이 예배할 때, 오직 영광을 받으시옵소서. 저희들을 죄와 사망의 고통에서 풀어주셨음에 찬미를 드립니다.

주님께서 나신 날, 누우실 자리가 없으셨던 것처럼, 저희들의 마음에 예수님을 모셔 들이지 못함을 용서해주시옵소서. 성탄의 영광을 찬양하는 계절에도 세상에서 소유하고, 먹고 마시는 일들로 바빠야만 했던 죄를 자복합니다. 마음의 성소를 청결케 하고 주님께 내어드리게 하시옵소서.

목사님께서 하나님의 말씀을 전해 주실 때, 단 마음으로 받게 하시옵소서. 저희들의 심령을 하나님께로 인도해주시옵소서. 천국을 사모하도록 주시는 말씀으로 받게 해주심을 빕니다.

오늘 성탄절에는 저희들의 마음에 주님께서 다시 나시기를 원합니다. 저희들의 마음이 구유가 되게 하시옵소서.

예수님의 이름으로 기도드립니다. 아멘.

수요일 밤 예배
기도를 인도해주는 말씀 _ ?

우리와 함께 하시는 하나님,
여호와께 존귀한 지체들이 머리를 숙였습니다. 이 밤에, 하나님 앞에서 존귀한 생각을 품고 예배하게 하시옵소서.
돌이켜보니, 천국을 구해야 할 저희들이 욕심을 구하는 삶이었음을 회개합니다. 오늘에 주신 것으로 만족해야 하였지만 하나님께서 주시는 것에 만족하려 하지 않았음을 회개합니다. 욕심을 채우기 위해 쫓아다닌 모습이었습니다. 용서해주시옵소서.
이제, 말씀에 의지하는 저희들이 낙심하지 않고 지내게 하시옵소서. 간절히 간구하니, 이 시간에 십자가에 장사 지내지는 은혜를 주시옵소서. 그 십자가의 죽음을 통해서 여호와를 바라는 의지가 담긴 새 형상으로 거듭나게 하시옵소서.
목사님의 입술에 의하여 하나님의 말씀이 선포될 때, 성령님께서 저희들의 마음에 역사하시기를 소망합니다. 저희들의 상한 심령이 말씀으로 치료를 받고, 위로함을 얻게 하시옵소서. 생명의 삶을 살도록 하신 진리에서 떠나지 않게 하시옵소서.
예수님의 이름으로 기도드립니다. 아멘.

12월 4주 ‖ 송년주일 - 영광의 달

주일 낮(대) 예배
기도를 인도해주는 말씀 _ 고전 6:20

값으로 산 것이 되었으니
그런즉 너희 몸으로 하나님께 영광을 돌리라

여기까지 인도해주신 하나님,

예배의 시작 | 돌이켜보니, 저희들의 삶을 물댄 동산과 같이 모자람이 조금도 없게 해주신 하나님께 영광을 드리게 하시옵소서. 한 해의 마지막 순간까지 함께 해주셨음에 큰 영광을 바칩니다. 하나님께서 주신 그 모든 것들을 헤아려 보는 지체들에게 단 마음으로 찬미의 예배를 드리게 하시옵소서.

뉘우침과 회개 | 주님께서 말씀하시기를 하나님의 나라가 가까이 왔다고 하셨음에도, 이 땅에서의 삶에 분주했던 죄를 고백합니다. 늘 자신을 돌아보아 죄와 잘못을 찾아내어 회개하기에 힘써야 했건만 죄에 대하여 무디었던 지난날들을 용서해주시옵소서.

오늘의 간구 | 주님의 넘치는 자비로우심으로 저희들은 살아왔습

니다. 저희에게 베풀어 주신 그 모든 은혜를 생각할 때, 끝이 없는 감사를 드립니다. 때를 따라 돕는 은혜로 도우시며, 저희들의 삶이 물댄 동산과 같이 모자람이 조금도 없게 하셨으니 감사드립니다. 오늘 송년 주일의 예배는 주님께서 주신 그 모든 것들을 헤아려 보는 시간이기 원합니다.

하나님 아버지,

말씀의 은혜 | 목사님께서 말씀을 강도하실 때, 미쁘게 듣는 귀를 갖게 하시옵소서. 편견이 없이 하나님의 말씀을 지키게 하시옵소서. 하늘나라의 율례를 지켜 행할 것을 다짐하려는 마음으로 진리의 말씀을 받게 하시옵소서.

공동체를 위한 중보 | 주님께서는 우리 ○○의 성도들이 우리를 괴롭히는 질병으로부터 놓여나기를 원하심을 믿습니다. 질병으로 인하여 고통을 겪고 있는 지체들에게 긍휼을 베풀어 주시옵소서. 고통을 다루시는 주님께서 어서 속히 이 고통의 늪에서 건져 주시고, 연약한 심령들을 도와주시기 원합니다.

여기에 모인 ○○의 지체들이 무릎을 꿇어 영광을 돌리게 하시옵소서. 죄인을 구속하기 위하여 메시야를 보내주신 하나님께 영광을 돌리니 받으시옵소서.

예수님의 이름으로 기도드립니다. 아멘.

주일 밤(찬양) 예배
기도를 인도해주는 말씀 _ 시 90:12

날을 계수하게 하시는 하나님,

신실하게 베풀어주셨던 은혜로 한 해의 마지막 주일을 보내고 있습니다. 올해는 힘들고 어려웠던 시간이었지만 감사드립니다. 이 시간에, 돌이켜볼 때, 지난 일 년의 시간에 주일을 성수하며 지내도록 하신 은혜에 찬미의 제사를 드리게 하시옵소서.

겸손한 마음으로 죄를 자복하기를 원합니다. 여호와의 용서해주심을 의지하여 회개합니다. 지난 한 해의 시간에, 하늘의 뜻을 성취하는 삶을 살지 못했음에 죄를 씻어주시옵소서. 주님의 피로 깨끗하게 하시고, 심령을 새롭게 해주시옵소서.

목사님을 단에 세우시고, 하나님의 말씀을 듣게 하시니 감사드립니다. 은혜의 말씀, 소망의 말씀이 되어, 저희들 각 성도들에게 부활의 신앙으로 새로워지게 하시옵소서.

새해를 맞이하는 시간에, 저희들도 새롭게 되어, 새 해에는 하나님의 사람이 되어 살아감으로써 메마른 곳에서 주님의 인자하심을 드러내는 삶을 다짐하게 하시옵소서.

예수님의 이름으로 기도드립니다. 아멘.

수요일 밤 예배
기도를 인도해주는 말씀 _

에벤에셀의 하나님,

오늘, ○○의 지체들에게 우리 주 여호와께 금년의 마지막 삼일 예배로 모이게 하셨음에 감사드립니다. 주님의 이름으로 시작한 한 해의 삶을 하나님 앞에서 마감하게 하시니 감사드립니다. 지난 며칠 동안에도 저희들의 삶에 허물만이 있었음을 보게 됩니다. 지금, 주님의 피가 죄를 씻어주심을 믿고 담대히 회개합니다. 저희들의 모든 허물을 씻어 주시고 교만한 생각과 헛된 욕망에서 구해주시옵소서.

연말을 맞이하면서 저희들에게도 신앙의 결산을 해보도록 이끌어 주시옵소서. 이 결산을 통해서 우리의 인생도 마지막에는 하나님 앞에 나가 결산을 해야 하는 지혜를 갖고, 심판을 준비하면서 살게 하시옵소서. 이어, 새로운 해를 기다리게 하시옵소서.

거룩한 시간에 하나님의 말씀으로 저희들을 심령을 새롭게 해주시옵소서. 주님의 말씀을 사랑하여 간절한 마음으로 듣게 하시고, 진리를 배워 보화를 지니게 하옵소서.

예수님의 이름으로 기도드립니다. 아멘.

교회 기관
헌신예배 기도문

1. 당회 - 항존직 헌신예배
2. 제직회 헌신예배
3. 구역회 헌신예배
4. 남전도회 헌신예배
5. 여전도회 헌신예배
6. 성가대 헌신예배
7. 선교회 헌신예배
8. 장학회 헌신예배
9. 주일학교 교사회 헌신예배

당회 - 항존직 헌신예배
기도를 인도해주는 말씀 _ 딤후 4:11

하나님 아버지,

우리 ○○ 교회가 당회원들의 헌신으로 말미암아 부흥되고 있음에 감사드립니다. 오늘, 헌신예배를 드림으로써 여호와 앞에서 더욱 착한 일꾼들이 되게 하시옵소서. 하나님과 교회 앞에서 유익을 끼치는 종들이 되기를 다짐하고 있습니다.

○○의 권속들을 위하여 수고하고, 하나님의 뜻을 받들어 섬기는 일꾼들이 되게 하시옵소서. 교회 안을 두루 살피고, 어려움에 처한 이들을 섬기는 구제와 봉사에도 힘쓰게 하시옵소서. 오직 성령님께 충만해서 섬기게 하시옵소서.

오늘, 세워주신 강사 목사님의 말씀으로 당회원들이 격려를 받게 하시옵소서. 교회의 안과 밖에서 주님의 일꾼 된 모습을 잘 보여줄 수 있는 일꾼들이 되기를 결단하게 하시옵소서.

담임 목사님께 좋은 동역자들이 되어서 ○○ 교회를 받들게 하시옵소서. 그리고 이 교회의 지역사회를 향한 사명을 자기의 일처럼 여기는 장로들이 되게 하시옵소서.

예수님의 이름으로 기도드립니다. 아멘.

제직회 헌신예배

기도를 인도해주는 말씀 _ 고전 4:1

하나님 아버지,

저희 교회의 제직회원들이 기쁨으로 교회를 섬기기 원합니다. 사랑하는 지체들이 주님의 일에 거룩한 봉사자로 부름 받았다는 사실 앞에서 열심을 다하게 하시옵소서.

저희 교회의 권사님들과 집사님들이 성령이 충만하기 원합니다. 그래서 성령이 섬기게 하심을 따라 교회와 성도들을 위하여 봉사하게 하시옵소서.

찬양예배 시간인 이 저녁에는 저희 직분자들이 헌신예배를 드릴 수 있도록 불러 모아 주신 은혜를 감사드립니다. 마음을 드려 간절히 기도드리니 믿음과 성령이 충만한 제직회가 되어서, 교회를 부흥시키게 하시옵소서.

지난해에도 게으름과 핑계 사업과 가정에 대한 핑계로 주님 앞에서 충성을 다하지 못하고 주의 일을 성실히 하지 못한 저희들이온데 책망하지 않으시고, 금년에 또다시 직분을 맡겨 주시니 감사드립니다.

예수님의 이름으로 기도드립니다. 아멘.

구역회 헌신예배
기도를 인도해주는 말씀 _ 시 16:6

하나님 아버지,

저희 교회를 위하여 구역회가 조직되게 하심을 감사드립니다. 성도들을 섬기도록 구역장님들을 세우셨으니 헌신하는 이들이 되기 원합니다. 그분들이 하나님의 영광과 교회의 부흥을 위하여 기도드리는 일꾼들이 되게 하시옵소서.

한 분, 한 분의 구역장님들이 사랑과 은혜가 풍성하신 하나님을 알게 하시고, 주님의 놀라우신 섭리에 순종함으로 귀한 직분을 섬기게 하시옵소서. 주님의 영광을 위하여 열매를 맺는 구역장님들이 되시도록 인도해 주시기 바랍니다.

구역회를 통하여, 서로서로에게 격려가 되게 하시고, 교회의 성도들에게 믿음의 본을 보이는 기관이 되게 하소서. 교회의 덕을 세우는 훌륭함을 지니게 하시옵소서.

구역장들에게 땅의 것으로 부요해지는 은혜를 보게 하시옵소서. 그들 중에 한 사람이라도 혹시 생활의 여러 문제로 구역을 제대로 돌보시지 못하는 일이 없도록 이끌어 주시옵소서.

예수님의 이름으로 기도드립니다. 아멘.

남전도회 헌신예배
기도를 인도해주는 말씀 _ 전 4;12

하나님 아버지,

지금, ○○교회의 남전도회원들이 여호와께 마음을 바칩니다. 이 예배로 말미암아 하나님의 영광을 찾으려는 소원이 뜨겁게 하시옵소서. 먼저, 저희들을 받아 주시옵소서.

회원들은 하나님 앞에서 하나가 되어, 주님께로부터 받은 바의 사명을 감당하려는 소원에 불타는 심령들로 열려지게 하시옵소서. 교회의 한 지체들이 하나님의 동역자로 섬기기 위한 다짐을 하려 합니다.

오늘의 헌신예배로 더 귀한 종들이 되게 하시옵소서. 하나님께는 큰 영광을 돌리며 저희들에게는 한없는 은혜의 되게 하시옵소서. 이로써 복음의 역군들에게 성령님의 능력과 지혜와 명철이 내려지는 은혜를 보게 하시옵소서.

저희들에게 생명의 말씀을 전해 주시는 목사님을 강건하게 하시옵소서. 귀한 종의 입술을 통해서 남전도회원들에게 소망을 갖게 하시고, ○○ 교회를 살리는 말씀이 전해지게 하시옵소서. 예수님의 이름으로 기도드립니다. 아멘.

여전도회 헌신예배

기도를 인도해주는 말씀 _ 엡 4:3

하나님 아버지,

저희 교회를 사랑하셔서, 어머니들의 모임으로 여전도회를 만들어 주심을 감사드립니다. 여전도회원들의 기도로 교회가 부흥되고, 저희 동네 사람들로부터 칭찬받는 교회가 되게 하신 은혜에 찬양을 드립니다.

사랑하는 지체들이 주님의 자녀가 된 기쁨 속에서 봉사할 일을 찾게 해 주시옵소서. 저희들의 마음을 바쳐 교회에 유익을 끼치게 하시옵소서. 저희들의 이기적인 마음을 온유한 마음으로 새롭게 하시고 정직한 성령을 허락하여 주셔서, 주님의 뜻에 어긋나지 않는 삶을 살 수 있도록 하시옵소서.

이제, 저희들을 위하여 말씀을 들고 단에 서신 목사님께 은혜와 역사를 더하시옵소서. 저희들에게 말씀을 주시려고 이곳으로 오셨으니, 하늘의 문이 열리는 역사를 보게 하시옵소서. 큰 능력으로 붙드셔서 진리와 은혜로 인도하시도록 도와주시기를 원합니다.

예수님의 이름으로 기도드립니다. 아멘.

성가대 헌신예배
기도를 인도해주는 말씀 _ 시 150:1

하나님 아버지,

찬양사역에 부름을 받은 종들이 헌신을 다짐하게 해 주심에 감사드립니다. 이 시간의 예배로 말미암아 저들에게 성가대원으로서의 섬기는 일이 무릎으로 하는 것임을 깨닫게 하시옵소서.

귀한 지체들이 여호와께 봉사하는 동안에, 어떤 경우에도 주일을 범하는 일이 없게 해 주심을 빕니다. 하나님의 은혜로 주일을 성수하는 것에 모범이 되게 하시옵소서. 귀한 직분을 맡아서 교회를 세우고 있다는 것을 늘 기억하게 하시옵소서.

오늘도 강단에 세워주신 강사 목사님을 성령의 능력으로 붙들어 주시옵소서. 하나님께서 ○○교회의 성가대원들에게 하실 말씀을 남김이 없이 전하는 은혜를 보게 하시옵소서.

주님의 귀한 말씀을 듣는 저희들이 주님의 음성을 듣는 시간이 되게 하여 주시옵소서. 하나님의 말씀에 도전을 받아 다시 한 번 결단할 수 있는 이 밤이 되게 하여 주시옵소서. 성가대원들이 온전히 제물로 드려짐을 체험하게 해주시옵소서.

예수님의 이름으로 기도드립니다. 아멘.

선교회 헌신예배
기도를 인도해주는 말씀 _ 사 11:12

하나님 아버지,

복음을 들고 땅 끝에까지 달려가고, 먼 섬에 전파하려는 소망을 품고 기도하는 지체들을 묶어 주셨음에 감사드립니다. 이 밤에, 선교를 위하여 조직된 이들이 헌신을 결단합니다.

사랑하는 지체들의 기도와 헌신을 통해서 우리 교회에 맡겨진 사명이 아름답게 감당되게 하시옵소서. 종들이 헌신을 결단하는 이 시간에, 성령님으로 충만한 교회 되게 하시옵소서.

이 지상에는 아직도 복음이 전해지지 않은 땅이 많이 있습니다. 사탄의 지배 아래 놓여 있는 사람들이 많으니, 그들에게 주님의 사랑을 전해야 하는 비전을 허락하소서. 모슬렘 국가들에서는 지금도 사탄의 지배로 복음이 전해지지 못하고 있습니다.

마귀에게 잡혀서 고통을 당하고 있는 불쌍한 영혼들에게 선교의 문을 열어 주시기 원합니다. 그리고 미전도지역의 가없는 영혼들에게로 복음을 들고 가야한다는 선교의 소명에 불타게 하시옵소서.

예수님의 이름으로 기도드립니다. 아멘.

장학회 헌신예배
기도를 인도해주는 말씀 _ 출 18:20

하나님 아버지,

우리 교회에 육영사역의 비전을 주셨음에 감사드립니다. 장학회 사역에 많은 성도들이 동참하여 풍성한 장학기금이 마련되게 하시고 많은 학생들에게 인생역전의 디딤돌이 되게 하시옵소서.

이 시간에, 장학회 헌신예배로 하나님께 영광을 드리게 하시옵소서. 저희들이 십시일반의 마음으로 학생들의 학업을 돕게 하시니 이것이 바로 주님의 일이심을 깨닫습니다.

말씀을 대언하실 목사님께 성령님께서 역사하여 주시옵소서. 갈급한 저희들의 심령에 성령님의 은혜를 단비처럼 내려 주시옵소서. 독수리 날개 쳐 올라감 같은 새 힘과 결단의 시간되게 하여 주시옵소서.

어려운 계층의 교육비 부담을 덜어주고 우수한 인재를 길러내는 육영사역에 헌신하게 하시옵소서. 하나님 앞에 일꾼으로 쓰임을 받을 다음 세대를 길러내는 일에 사랑으로 헌신하게 하시옵소서. 예수님의 이름으로 기도드립니다. 아멘.

주일학교 교사회 헌신예배

기도를 인도해주는 말씀 _ 잠 22:6

하나님 아버지,

교사들에게 자신의 직분을 가지고, 헌신을 결단하게 하셨음에 감사드립니다. 주님께서 그들의 마음을 주관하셔서, 교사들의 마음을 하나님의 사랑으로 불붙여 주실 것을 믿고 간구합니다. 그리하여 교회를 통하여 하나님께서 받으시고자 하시는 열매를 맺어드리게 하시옵소서.

교사들이 모여서 주일학교의 사역에 대하여 논의할 때, 성령님께서 도와주시옵소서. 한 분, 한 분의 교사들이 하나님의 섭리에 순종함으로 귀한 직분을 섬기게 하시옵소서. 이로써 교회에서 자라나는 어린이들이 믿음의 사람으로 커 가게 하시옵소서.

강단에 세워주신 강사 목사님을 대언자로 세우신 하나님께 주목하게 하시옵소서. 깨우쳐 주시는 말씀으로 새 교훈을 받게 하시옵소서. 하나님의 말씀에 대해서, 아멘으로 받고, 순종하려는 감격으로 가슴이 뜨거워지게 하시옵소서.

예수님의 이름으로 기도드립니다. 아멘.